음력30 = 음력29	양력 시 = 음력시	음력월 음력월수	음력1 월2	음력3 월3	음력3 월4	음력3 월5	음력30 월6	음력29 월7	음력27 월8	음력29 월9	음력25 월10	음력24 월11	음력23 월12
		음력달수	눈달	달잣	긋	잣 목	양	밝	양 밥	밥	긋 긋	잣	양
		절기음	겅잣시	눈잣 시시	시 잣 양시	양시 목시	눈시 양시	잣시 양시	긋시 양시	눈시 양시	긋시 잣시	양시 긋시	양시 잣시
		시기	시 31 45	곱곱 34 22	곱곱 40 26	곱곱 36 12	곱곱 46 18	곱곱 67 13	곱곱 69 12	곱곱 42 3	곱곱 62 32	곱곱 05 24	곱곱 86 48	곱곱 05 3
표음양절 	절	달	시 15	시시 43 22	시시 14 1	시시 01 12	시시 81 1	시시 51 12	시시 21 1	시시 04 11	시시 96 17	시시 62 12	시시 74 12
기 		달음	음달 4 1	음달 15 2	음달 05 2	음달 15 2	음달 16 2	음달 37 2	음달 38 2	음달 27 2	음달 27 2	음달 06 2	음달
		달양	달양 22	달양 33	달양 44	달양 55	달양 66	달양 77	달양 88	달양 99	달양 00 11	달양 11 11	달양 22 11	달양 11 11
		기	곱 수 양	골 곱 잣	응달 잣	잣동 양	시잣 밥	잣동 양	시시 밥	곱 곱 긋	곱 긋 양	잣시 양	잣동 밥
음력음		음력달수	음을잣	양달	시양	밥잣	밥 긋	밥 긋	동잣	양밥	잣시	잣양	잣눈
		음력달수	음을잣	양잣	잣눈	긋양	긋달	긋달	잣밥	잣양	양눈	잣양	잣눈
		기	잣	양밥	밥잣	시시	양달	밥긋	양잣	잣달	양달	잣잣	잣눈
2022 4352 시기	시답	음달부음	女	女	女	女	女	女	女	女	女	女	女
			음달1	음달2	음달3	음달4	음달5	음달6	음달7	음달8	음달9	음달10	음달11	음달12

임인년 1월 大

서기 2022년 · 단기 4355년

음력 11월 29일부터 12월 29일까지

년小月 신축12월 신축 / 신축 年 / 신정

구분	1	2	3	4	5	6	7
양력	1	2	3	4	5	6	7
음력	29	30	12/1	2	3	4	5
요일	토	일	월	화	수	목	금
일진	甲寅 갑인	乙卯 을묘	丙辰 병진	丁巳 정사	戊午 무오	己未 기미	庚申 경신
지상·지형	호랑이	토끼	용	뱀	말	양	원숭이
결혼주당	第 제	竈 조	婦 부	竈 조	第 제	翁 옹	堂 당
이사주당	殺 살	富 부	天 천	利 이	安 안	災 재	師 사
십이신	滿 만	平 평	定 정	執 집	破 파	危 위	成 성
안장주당	女 여	母 모	母 모	女 여	死 사	孫 손	男 남
구성	一白 일백	九紫 구자	八百 팔백	七赤 칠적	六白 육백	五黃 오황	四綠 사록

재수 있는 사람과 하면 좋은일

- 1 : 子、丑、寅、辰、午、戌生은 개업、금전상담、개문 등 길
- 2 : 丑、寅、卯、巳、未、戌、亥생은 기도、제사、개업등 길
- 3 : 子、午、未、申、酉생은 제사、묘사 등 길
- 4 : 子、丑、卯、未、酉생은 제사、묘사、이장、상량 등 길
- 5 : 寅、辰、巳、申、酉생은 기도、약혼、상량등 길
- 6 : 寅、卯、辰、巳、午、申、亥생은 여행、개업 등 길。
- 7 : 子、丑、辰、巳、午、未、申生은 여행、동토、이장등 길

재수 없는 사람과 하면 나쁜일

- 1 : 卯、巳、未、申、酉、亥생은 매사 불길
- 2 : 子、辰、午、申、酉생은 매사 불길。
- 3 : 丑、寅、卯、辰、巳、戌、亥생은 매사 불길。
- 4 : 寅、辰、巳、午、申、戌、亥생은 매사 불길
- 5 : 子、辰、巳、午、申、戌、亥생은 매사 불길
- 6 : 子、丑、未、酉、戌 생은 송사、부부 언쟁주의。
- 7 : 寅、卯、酉、戌、亥 생은 송사、신축、도적수 등 불길

소한 무오일 유시 18시 14분

누구나 불길일

- 1 : 이사
- 3 : 결혼
- 6 : 이사

양력	16	15	14	13	12	11	10	9	8
음력	14	13	12	11	10	9	8	7	6
요일	일	토	금	목	수	화	월	일	토
일진	己巳 기사	戊辰 무진	丁卯 정묘	丙寅 병인	乙丑 을축	甲子 갑자	癸亥 계해	壬戌 임술	辛酉 신유
지상지형	🐍	🐉	🐇	🐅	🐂	🐖	🐖	🐕	🐓
결혼주당	姑 고	堂 당	翁 옹	第 제	竈 조	婦 부	廚 주	夫 부	姑 고
이사주당	富 부	師 사	災 재	安 안	利 이	天 천	害 해	殺 살	富 부
십이신	定 정	平 평	滿 만	除 제	建 건	建 건	閉 폐	開 개	收 수
안장주당	父 부	男 남	孫 손	死 사	女 여	母 모	婦 부	客 객	父 부
구성	六白 육백	五黃 오황	四綠 사록	三碧 삼벽	二黑 이흑	一白 일백	一白 일백	二黑 이흑	三碧 삼벽
재수 있는 사람과 하면 좋은일	寅、辰、巳、未、申、酉、戌 생은 매사 평길、무난하다。	子、午、未、申、酉 생은 제사、묘사 등 길	丑、寅、卯、巳、未、戌생은 기도、제사、개업등 길	子、丑、寅、辰、午、戌생은 개업、금전상담、개문 등 길	子、丑、卯、辰、未、酉 생은 개업、조선、도배 등 길。	子、丑、寅、辰、巳、申、戌 생은 제사、출행、개업등 길	丑、寅、辰、巳、申、戌생은 상량、개업、기도 등 길。	子、寅、卯、午、未、酉、戌생은 기도、묘사、개업등 길	丑、辰、巳、未、申、亥생은 입학、이장、계약 등 길。
재수 없는 사람과 하면 나뿐일	子、丑、卯、午、亥 건문、개문 등 불길。	丑、寅、卯、辰、巳、戌 생은 매사 불길。	子、辰、午、申、酉 생은 매사 불길	卯、巳、未、申、酉、亥 생은 매사 불길	寅、辰、巳、午、申、戌 생은 출행、이장 등 불길。	卯、午、未、酉、亥 생은 동토、승선 등 불길。	子、辰、巳、午、申、亥생은 운전주의、차사고 주의。	丑、辰、巳、未、酉 생은 안장、이장、약혼 등 불길。	子、寅、卯、午、酉、戌、亥생은 이장、출행 등 불길。
누구나 불길일			이사			결혼	결혼 이사	결혼 이사	

- 3 -

24	23	22	21	대한 계유일 오시 11시 39분	20	19	18	17	양 력
22	21	20	19		18	17	16	15	음 력
월	일	토	금		목	수	화	월	요 일
丁丑 정축	丙子 병자	乙亥 을해	甲戌 갑술		癸酉 계유	壬申 임신	辛未 신미	庚午 경오	일 진
(소)	(쥐)	(돼지)	(개)		(닭)	(원숭이)	(양)	(말)	지 상 지형
姑 고 富 부 建 건 父 부	堂 당 師 사 閉 폐 男 남	翁 옹 災 재 開 개 孫 손	第 제 安 안 收 수 死 사		竈 조 利 이 成 성 女 여	婦 부 天 천 危 위 母 모	廚 주 害 해 破 파 婦 부	夫 부 殺 살 執 집 客 객	결혼주당 이사주당 십이신 안장주당
五黃 오황	四綠 사록	三碧 삼벽	二黑 이흑		一白 일백	九紫 구자	八白 팔백	七赤 칠적	구 성
子、午、未、申、酉 생은 제사、묘사、산신기도 등 길	丑、寅、卯、巳、未、戌、亥 생은 기도、제사、개업등 길	子、丑、卯、巳、未 묘사、이장 등 길。	子、寅、卯、午、戌、亥 생은 기도、제사 개업 등 길		丑、辰、巳、午、未、申、亥 생은 출행、입주、입학등 길	子、丑、辰、未、午、戌 매사 평길、학술발표 대길。	子、丑、卯、辰、午、未、申 생은 기도、수리 등 길。	寅、卯、辰、巳、午、未、申 생은 출행、입주、이장등 길	재수 있는 사람과 하면 좋은 일
丑、寅、卯、辰、巳、戌、亥 생은 매사 불길	子、辰、午、申、酉 생은 매사 불길	辰、巳、午、申、酉、戌、亥 생은 안장、이장、약혼 등 불길。	辰、巳、午、申、酉、戌、亥 생은 매사 불길。		子、寅、卯、酉、戌 생은 동토、승선、이장 등 불길。	寅、卯、巳、午、酉、戌、亥생은 매사 불길。	寅、巳、午、酉、戌、亥 생은 송사 불길。	子、丑、酉、戌、亥 생은 동토、승선 등 불길。	재수 없는 사람과 하면 나쁜 일
		결혼 이사				결혼	이사	결혼 이사	누구나 불길일

구 분	25	26	27	28	29	30	31
양 력	25	26	27	28	29	30	31
음 력	23	24	25	26	27	28	29
요 일	화	수	목	금	토	일	월
일 진	戊寅 (무인)	己卯 (기묘)	庚辰 (경진)	辛巳 (신사)	壬午 (임오)	癸未 (계미)	甲申 (갑신)
지상/지형							
결혼주당 / 이사주당 / 십이신 / 안장주당	夫(부) 殺(살) 除(제) 客(객)	廚(주) 害(해) 滿(만) 婦(부)	婦(부) 天(천) 平(평) 母(모)	竈(조) 利(이) 定(정) 女(여)	第(제) 安(안) 執(집) 死(사)	翁(옹) 災(재) 破(파) 孫(손)	堂(당) 師(사) 危(위) 男(남)
구 성	六白 (육백)	七赤 (칠적)	八百 (팔백)	九紫 (구자)	一白 (일백)	二黑 (이흑)	三碧 (삼벽)
재수 있는 사람과 하면 좋은 일	子、丑、寅、午、未、戌生은 안장、출행、산신기도 등 길	丑、寅、卯、巳、未、戌、亥 생은 기도、개업 등 길	子、午、未、申、酉 생은 기도、여행、개축 등 길	子、丑、未、申、酉生은 개업、조선、매매 등 길	寅、辰、卯、未、酉、戌생은 기도、제사、수리 등 길	丑、辰、卯、未、酉、戌생은 개토、수리、학술발표 길	묘사、子、丑、辰、未、申、戌生은 개업、구직 등 길
재수 없는 사람과 하면 나쁜 일	卯、辰、巳、申、酉、亥생은 안장 불길、금전 거래 주의	子、辰、午、申、酉 생은 메사 불길、운전 주의	丑、寅、卯、辰、午、申、戌、亥 생은 송사、개업 등 불길	寅、辰、巳、戌、亥生은 출행、이장、개업 등 불길	子、丑、卯、午、酉、亥생은 이장、약혼 등 불길	子、辰、巳、午、申、亥生은 수리、개업、개문 등 불길	寅、卯、巳、午、酉、亥생은 약혼、출행、개업 등 불길
누구나 불길일	혼사 / 결이	이사	결혼			이사	

설날 연휴

★재미로 보는 이달의 운세

☯음력 12월에 출생한 자는 외국에 가면 길하고 고향과는 인연이 없다. 12월에 눈이 많이 내리면 풍년이 들고 눈이 오지 않으면 다음해에 가뭄이 든다. 12월생은 5월생과 결혼하면 불길하고 12월생과 결혼하면 가장 길하다. 12월생은 초년 풍파가 많다.

임인년 2월 小

음력 1월 01일부터 1월 28일까지

구분	1	2	3	4	5	6	7
양력	1	2	3	4	5	6	7
음력	1/1	2	3	4	5	6	7
요일	화	수	목	금	토	일	월
일진	乙酉 (을유)	丙戌 (병술)	丁亥 (정해)	戊子 (무자)	己丑 (기축)	庚寅 (경인)	辛卯 (신묘)
지지상형	닭	개	돼지	돼지	소	범	토끼
결혼주당	夫 부	姑 고	堂 당	翁 옹	第 제	竈 조	婦 부
이사주당	安 안	利 이	天 천	害 해	殺 살	富 부	師 사
십이신	成 성	收 수	開 개	閉 폐	建 건	建 건	除 제
안장주당	父 부	男 남	孫 손	死 사	女 여	母 모	婦 부
구성	四綠 (사록)	五黃 (오황)	六白 (육백)	七赤 (칠적)	八白 (팔백)	九紫 (구자)	一白 (일백)
재수 있는 사람과 하면 좋은 일	丑、辰、巳、午、未、申、亥 생은 출행、입주、입학등 길	子、寅、卯、午、申、戌、亥 생은 기도、제사、개업 등 길	丑、寅、卯、午、未、酉、戌 생은 묘사、수리、개업등 길	子、丑、寅、辰、巳、申、戌 생은 동토、입학、수리등 길	子、午、未、申、酉 생은 제사、묘사、산신기도 등길	子、丑、寅、辰、午、戌생은 출행、산신기도、기천 등길	丑、寅、卯、巳、未、戌、亥 생은 기도、제사、개업등 길
재수 없는 사람과 하면 나쁜일	丑、辰、巳、未、酉 생은 동토、승선、이장 등 불길。	子、辰、巳、申、戌 생은 안장、이장、약혼 등 불길。	卯、辰、巳、申、亥 생은 안장、출행、약혼 등 불길。	卯、午、未、酉、亥 생은 송사、개문 등 불길。	卯、巳、未、申、戌 생은 매사 불길。	卯、巳、未、申、亥생은 매사 불길。	子、辰、午、申、酉 생은 매사 불길、운전 주의。
누구나 불길일	결혼		결혼	이사	이사		결혼

입춘 무자일 묘시 5시 51분

설날 연휴 / 임인 1월 임인 / 年大月

정월 대보름

16	15	14	13	12	11	10	9	8	
16	15	14	13	12	11	10	9	8	양력
16	15	14	13	12	11	10	9	8	음력
수	화	월	일	토	금	목	수	화	요일
庚子 경자	己亥 기해	戊戌 무술	丁酉 정유	丙申 병신	乙未 을미	甲午 갑오	癸巳 계사	壬辰 임진	일진 지지
									지형 지상
廚 주	婦 부	竈 조	第 제	翁 옹	堂 당	姑 고	夫 부	廚 주	결혼주당
災 재	師 사	富 부	殺 살	害 해	天 천	利 이	安 안	災 재	이사주당
開 개	收 수	成 성	危 위	破 파	執 집	定 정	平 평	滿 만	십 이 신
客 객	婦 부	母 모	女 여	死 사	孫 손	男 남	父 부	客 객	안장주당
一白 일백	九紫 구자	八百 팔백	七赤 칠적	六白 육백	五黃 오황	四綠 사록	三碧 삼벽	二黑 이흑	구 성
子、丑、寅、辰、巳、申、戌 生은 동토、입학、수리등 길	丑、寅、卯、午、未、戌、亥 生은 입주、입학、수리등 길	子、寅、卯、午、未、戌、亥 生은 개점、수리、증축등 길	丑、辰、巳、午、未、申、戌、亥 生은 출행、입주、계약등 길	子、丑、辰、未、申、戌生은 매사 평길、학술발표 대길。	寅、卯、辰、巳、未、申、酉、戌 生은 기도、수리、상량등 길	寅、辰、巳、未、申、酉、戌生은 묘사、산신기도 등 길	개업、조선、매매 등 길。	子、午、未、申、酉 生은 제사、묘사 등 길	재수 있는 사람과 하면 좋은일
卯、午、未、酉、亥 생은 송사、개문 등 불길	子、辰、巳、酉、戌 生은 재배 불길、투자 주의。	丑、辰、巳、未、酉、戌 生은 동토、승선、상가집 주의。	子、寅、卯、酉、戌 生은 출행、개업、안장 등 불길。	寅、卯、巳、午、酉、亥生은 매사 불길	子、丑、未、戌、亥 생은 매사불길、 인내로 극복하라	子、丑、卯、午、亥 생은 이장 안장 등 불길、	寅、辰、巳、午、戌、亥생은 출행、이장、개업 등 불길。	丑、寅、卯、辰、巳、戌 생은 매사 불길	재수 없는 사람과 하면 나쁜일
이 사	결 혼		이 사	이 사			결 혼	이 사	누구나 불길일

우수 계묘일 축시 1시 43분

구분	17	18	19	20	21	22	23	24
양력	17	18	19	20	21	22	23	24
음력	17	18	19	20	21	22	23	24
요일	목	금	토	일	월	화	수	목
일진	辛丑 신축	壬寅 임인	癸卯 계묘	甲辰 갑진	乙巳 을사	丙午 병오	丁未 정미	戊申 무신
지상지형	(소)	(호랑이)	(토끼)	(용)	(뱀)	(말)	(양)	(원숭이)
결혼주당	夫 부	姑 고	堂 당	翁 옹	第 제	竈 조	婦 부	廚 주
이사주당	安 안	利 이	天 천	害 해	殺 살	富 부	師 사	災 재
십이신	閉 폐	建 건	除 제	滿 만	平 평	定 정	執 집	破 파
안장주당	父 부	男 남	孫 손	死 사	女 여	母 모	婦 부	客 객
구성	二黑 이흑	三碧 삼벽	四綠 사록	五黃 오황	六白 육백	七赤 칠적	八百 팔백	九紫 구자
재수 있는 사람과 하면 좋은 일	子、丑、寅、卯、巳、申、酉 생은 제사、입학、수리등 길	子、寅、卯、辰、午、戌 생은 출행、산신기도、기천 등 길	丑、寅、卯、巳、未、戌、亥 생은 기도、제사、개업등 길	子、午、未、申、酉 생은 출행、접종、약혼 등 길。	子、丑、卯、未、申、酉 생은 묘사、입주、약혼 등 길。	寅、辰、巳、未、申、酉、戌 생은 기도、제사、수리등 길	寅、辰、巳、未、申、戌생은 기도、제사、수리、상량등길	子、丑、辰、未、申、戌생은 매사 평길、학술발표 대길。
재수 없는 사람과 하면 나쁜 일	辰、午、未、戌、亥 생은 상가에 가지 말것、매사불길	卯、巳、午、申、酉 생은 매사 불길	子、辰、午、申、酉 생은 매사 불길、운전 주의。	丑、寅、卯、辰、巳、戌、亥 생은、연정 관계 주의。	寅、辰、巳、午、戌、亥 생은 동토、이장、출행 등 불길。	子、丑、卯、午、酉、亥 생은 이장、수리 등 불길。	子、丑、卯、午、酉、亥생은 이장 등 불길。	寅、卯、巳、午、酉、亥생은 매사 불길
누구나 불길일	결혼			이사	이사		결혼	이사

28	27	26	25	
2.28 민주운동 기념일				
28	27	26	25	양 력
28	27	26	25	음 력
월	일	토	금	요 일
壬子 임자	辛亥 신해	庚戌 경술	己酉 기유	일 진
(쥐)	(돼지)	(개)	(닭)	지지형상
翁 옹	堂 당	姑 고	夫 부	결혼주당
害 해	天 천	利 이	安 안	이사주당
開 개	收 수	成 성	危 위	십 이 신
死 사	孫 손	男 남	父 부	안장주당
四綠 사록	三碧 삼벽	二黑 이흑	一白 일백	구 성
子、丑、寅、辰、巳、申、戌 생은 동토、입학、수리등 길	丑、寅、卯、午、未、申、戌、亥 생은 입주、입학、수리등 길	子、寅、卯、午、未、申、戌、亥 생은 개점、수리、증축등 길	丑、辰、巳、午、未、申、亥 생은 출행、입주、게약등 길	재수 있는 사람과 하면 좋은 일
卯、午、未、酉、亥 생은 송사、개문 등 불길	子、辰、巳、酉、戌 생은 재배 불길、투자 주의	丑、辰、巳、未、酉 생은 출행、개업、안장 등 불길	子、寅、卯、酉、戌 생은 동토、승선、상가집 불길	재수 없는 사람과 하면 나쁜 일
이 사	결 혼		결 혼	누구나 불길일

★ 재미로 보는 이달의 운세

☯ 음력 正月 첫 갑자일에 바람이 불거나 비가 오면 금년 1년 동안 장마가 지며, 농작물은 풍작이나 과실의 수확이 적으며, 맑으면 1년 내내 매사가 길하고, 오곡이 풍성하다. 1월 출생자는 10월생과 결혼하면 불길하다. 正月에 이사는 손재를 초래하나, 중순을 지나면 무난하다.

☯ 궁합은 왜 보아야 하나?
사람마다 개성이 다르고, 사람중에도 사람이 있고, 허울은 사람이로되 마음은 동물중에 악한 동물과 같은 사람이 있으니 서로를 결합시켜 나쁜 사람을 좋게 하도록 하는 것이 서로 도우는 부부가 되므로 궁합은 상대를 적당한 사람끼리 대조시키는 것이므로 궁합을 보는 것이 좋다.

임인년 3월 大

음력 2월 29일까지
1월 29일부터 2월

7	6	경칩	5	4	3	2	1	양력
5	4	정사일	3	2	2/1	30	29	음력
월	일	자시	토	금	목	수	화	요일
己未 기미	戊午 무오	23시	丁巳 정사	丙辰 병진	乙卯 을묘	甲寅 갑인	癸丑 계축	일진
羊(양)	馬(말)	44분	蛇(뱀)	龍(용)	兎(토끼)	虎(호랑이)	牛(소)	지지상형
堂師執男 당사집남	翁災定孫 옹재정손		第安平死 제안평사	竈利滿女 조이만녀	婦天除母 부천제모	竈富建母 조부건모	第殺閉女 제살폐녀	결혼주당 이사주당 십이신 안장주당
二黑 이흑	一白 일백		九紫 구자	八百 팔백	七赤 칠적	六白 육백	五黃 오황	구성
生은 寅、卯、辰、巳、午、申、亥 생은 여행、개업、상담등 길	生은 寅、辰、巳、未、申、酉、戌 생은 기도、약혼、제사등 길		제사、子、午、未、申、酉 생은 산신기도 등 길	제사、子、午、未、申、酉 생은 산신기도 등 길	生은 기도、제사、개업등 길 丑、寅、卯、巳、未、戌、亥	개업、금전상담、개문 등 길 子、丑、寅、辰、午、戌 생은	개업、조선、도배 등 길 子、丑、卯、未、酉 생은	재수 있는 사람과 하면 좋은일
송사 子、丑、未、酉、戌 생은 불길	이장 등 불길 子、丑、卯、午、亥 생은		生은 丑、寅、卯、辰、巳、戌、亥 매사 불길	生은 丑、寅、卯、辰、巳、戌、亥 매사 불길	매사 불길 子、辰、午、申、酉 생은	매사 불길 卯、巳、未、申、酉、亥 생은	生은 출행、개업 등 불길 寅、辰、巳、午、申、戌、亥	재수 없는 사람과 하면 나뿐일
이사					결혼		이사	누구나 불길일

삼일절 (1일 위)
임인 年小月 2월 계묘 (3일 위)

16	15	14	13	12	11	10	9	8	
상공의 날	3, 15 의거기념일						대통령선거일	3. 8 민주의거기념일	
16	**15**	**14**	**13**	**12**	**11**	**10**	**9**	**8**	양력
14	**13**	**12**	**11**	**10**	**9**	**8**	**7**	**6**	음력
수	화	월	일	토	금	목	수	화	요일
戊辰 무진	丁卯 정묘	丙寅 병인	乙丑 을축	甲子 갑자	癸亥 계해	壬戌 임술	辛酉 신유	庚申 경신	일진
🐍	🐰	🐯	🐂	🐀	🐖	🐕	🐓	🐒	지상지형
姑 고 富 부 除 제 父 부	堂 당 師 사 建 건 男 남	翁 옹 災 재 建 건 孫 손	第 제 安 안 閉 폐 死 사	竈 조 利 이 開 개 女 여	婦 부 天 천 收 수 母 모	廚 주 害 해 成 성 婦 부	夫 부 殺 살 危 위 客 객	姑 고 富 부 破 파 父 부	결혼주당 이사주당 십 이 신 안장주당
二黑 이흑	一白 일백	九紫 구자	八百 팔백	七赤 칠적	六白 육백	五黃 오황	四綠 사록	三碧 삼벽	구 성
子、午、未、申、酉 生은 기도、여행、개축 등 길。	丑、寅、卯、巳、未、戌、亥 生은 기도、제사、개업등 길	子、寅、卯、辰、午、戌 生은 개업、금전상담、개문 등 길	子、丑、寅、辰、酉 生은 개업、계약、조선、도배 등 길。	子、丑、卯、辰、巳 生은 계약、동토、입학 등 길	子、寅、卯、午、未、申、戌生은 수리、학술발표、여행 등 길	子、寅、卯、午、申、戌生은 개점、수리、증축등 길	丑、辰、巳、未、申、亥生은 출행、입주、계약등 길。	子、丑、辰、未、申、戌生은 매사 평길、학술발표 대길。	재수 있는 사람과 하면 좋은 일
丑、寅、卯、辰、巳、戌、亥 生은 송사、개업 등 불길。	子、辰、午、申、酉 生은 매사 불길。	丑、巳、未、申、酉、亥生은 매사 불길	卯、巳、午、未、申、亥生은 출행、개문、개업 등 불길。	寅、午、申、戌、亥 生은 송사、개문 등 불길。	丑、辰、巳、酉、亥생은 개업、개문、약혼 등 불길。	丑、辰、巳、未、酉 生은 출행、개업、안장 등 불길。	子、寅、卯、酉、戌 生은 동토、승선、상가집 주의。	寅、卯、巳、午、酉、亥生은 매사 불길	재수 없는 사람과 하면 나뿐일
		이 사			결 혼	이 사	결혼 이사		누구나 불길일

구분	24	23	22	춘분 계유일 자시 24시 33분	21	20	19	18	17
양력	24	23	22		21	20	19	18	17
음력	22	21	20		19	18	17	16	15
요일	목	수	화		월	일	토	금	목
일진	丙子 병자	乙亥 을해	甲戌 갑술		癸酉 계유	壬申 임신	辛未 신미	庚午 경오	己巳 기사
지지형상	〔쥐〕	〔돼지〕	〔개〕		〔닭〕	〔원숭이〕	〔양〕	〔말〕	〔뱀〕
결혼주당 / 이사주당 / 십이신 / 안장주당	姑고 富부 收수 父부	堂당 師사 成성 男남	翁옹 災재 危위 孫손		第제 安안 破파 死사	竈조 利이 執집 女여	婦부 天천 定정 母모	廚주 害해 平평 婦부	夫부 殺살 滿만 客객
구성	一白 일백	九紫 구자	八百 팔백		七赤 칠적	六白 육백	五黃 오황	四綠 사록	三碧 삼벽
재수 있는 사람과 하면 좋은 일	丑、寅、卯、巳、未、戌、亥 생은 기도、제사、개업등 길	子、丑、寅、辰、戌생은 출행、기천、기도 등 길	丑、寅、未、酉、戌생은 이장、수리、학술발표 등 길		丑、辰、巳、午、未、申、亥 생은 출행、입주、계약등 길	子、丑、卯、辰、午、未、申 생은 기도、수리 등 길	寅、卯、辰、巳、午、未、申 생은 출행、입주、이장등 길	寅、辰、巳、未、申、酉、戌 생은 매사 평길 무난하다。	子、丑、卯、未、酉 생은 기도、안택、가옥수리 등 길
재수 없는 사람과 하면 나쁜 일	子、辰、午、申、酉 생은 매사 불길	卯、巳、未、申、酉、亥생은 매사 불길	子、辰、巳、午、申、亥생은 이장、개업、개문 등 불길。		子、寅、卯、酉、戌 생은 동토、승선、상가집 주의。	巳、酉、戌 생은 송사 불길	子、丑、酉、戌、亥 생은 동토、승선 등 불길。	子、丑、卯、午、亥 생은 건문、개문 등 불길。	寅、辰、巳、午、申、戌、亥 생은 모든 일이 불길。
누구나 불길일		결혼	이사					이사	결혼

	31	30	29	28	27	26	25	양력
							서해수호의 날	
양력	31	30	29	28	27	26	25	양력
음력	29	28	27	26	25	24	23	음력
요일	목	수	화	월	일	토	금	요일
일진	癸未 계미	壬午 임오	辛巳 신사	庚辰 경진	己卯 기묘	戊寅 무인	丁丑 정축	일진
지상								지형 지상
결혼주당 / 이사주당 / 십이신 / 안장주당	堂師定男 당사정남	翁災平孫 옹재평손	第安滿死 제안만사	竈利除女 조이제여	婦天建母 부천건모	廚害閉婦 주해폐부	夫殺開客 부살개객	결혼주당 이사주당 십이신 안장주당
구성	八百 팔백	七赤 칠적	六白 육백	五黃 오황	四綠 사록	三碧 삼벽	二黑 이흑	구성
재수 있는 사람과 하면 좋은 일	寅、卯、辰、午、申、亥생은 약혼、여행、개업、이장등길	寅、辰、巳、未、酉、戌 생은 묘사、이장등 길	子、丑、卯、未、酉、생은 묘사、이장、증축 등 길	子、午、未、申、酉、생은 기도、제사、계약、입문 길	丑、寅、卯、巳、未、戌、亥 생은 출행、입주、접종등 길	子、丑、寅、辰、午、戌、亥 생은 이장、여행、계약등 길	子、丑、寅、卯、巳、申、酉、생은 묘사、계약、기도등 길	재수 있는 사람과 하면 좋은 일
재수 없는 사람과 하면 나쁜 일	子、丑、巳、未、酉、戌생은 매사 불길	子、丑、卯、午、亥、생은 개문、개업 등	寅、辰、巳、午、申、戌、亥 생은 운전주의 매사 불길	丑、寅、卯、辰、巳、戌、亥 생은 출행、개업、이장 불길	子、辰、午、申、酉 생은 동토、승선、이장 등 불길	卯、巳、未、申、酉 생은 개문、개업、약혼 등 불길	辰、午、未、戌、亥、생은 매사 불길、여행 특히 불길	재수 없는 사람과 하면 나쁜 일
누구나 불길일			이사		결혼	이사	결혼 이사	누구나 불길일

★ 재미로 보는 이달의 운세

☯ 음력 2월중에 경칩일에 천둥이 치면, 농가에 손실이 있을 것이고, 많은 날씨면 대풍이 들고 춘분일에 비가 내리면 병자가 적고 풍년이 든다. 2월생은 11월생과 결혼하면 불길하다.

2월생은 부모의 덕은 없으나, 객지에서 자수성가하여, 후반기에는 좋은 사주이다.

- 13 -

임인년 4월 小

음력 3월 01일부터 3월 30일까지

보건의 날	한식	청명	식목일	4,3 희생자 추념일			임인年 3월 갑진月	
7	6		5	4	3	2	1	양력
7	6		5	4	3	2	3/1	음력
목	수	청명	화	월	일	토	금	요일
庚寅 경인	己丑 기축	무자일	戊子 무자	丁亥 정해	丙戌 병술	乙酉 을유	甲申 갑신	일진
호랑이	소	인시	돼지	돼지	개	닭	원숭이	지상
婦부 師사 閉폐 婦부	竈조 富부 開개 母모	4시	第제 殺살 收수 女여	翁옹 害해 成성 死사	堂당 天천 危위 孫손	姑고 利이 破파 男남	夫부 安안 執집 父부	결혼주당 이사주당 십이신 안장주당
六白 육백	五黃 오황	20분	四綠 사록	三碧 삼벽	二黑 이흑	一白 일백	九紫 구자	구성
子、丑、寅、辰、午、戌、亥生은 이장、여행、계약등 길。	子、丑、寅、卯、巳、申、酉生은 묘사、계약、기도등 길		子、丑、寅、辰、卯、巳、申、戌生은 동토、입학、수리등 길	子、丑、寅、辰、卯、巳、申、戌生은 묘사、입학등 길	子、寅、卯、午、申、戌、亥生은 묘사、안택、기도등 길	丑、辰、巳、未、申、戌生은 출행、입주、입학등 길	子、丑、辰、未、申、戌生은 매사 평길、학술발표 대길。	재수 있는 사람과 하면 좋은일
卯、巳、未、申、酉 생은 개문、개업、약혼 등 불길。	辰、午、未、戌、亥 생은 매사 불길、여행 특히 불길		卯、午、未、酉、亥 생은 송사、개문、기도 등 불길	辰、巳、午、申、酉、戌、亥 생은 매사 불길。	丑、辰、巳、未、酉 생은 매사 불길	子、寅、卯、酉、戌 생은 동토、승선、이장 등 불길。	寅、卯、巳、午、酉、亥생은 매사 불길	재수 없는 사람과 하면 나뿐일
결혼			이사	결이 혼사			결혼	누구나 불길일

- 14 -

대한민국 임시정부 수립일

16	15	14	13	12	11	10	9	8	양력
16	15	14	13	12	11	10	9	8	음력
토	금	목	수	화	월	일	토	금	요일
己亥 기해	戊戌 무술	丁酉 정유	丙申 병신	乙未 을미	甲午 갑오	癸巳 계사	壬辰 임진	辛卯 신묘	일진
돼지	개	닭	원숭이	양	말	뱀	용	토끼	지지형상
廚 주	婦 부	竈 조	第 제	翁 옹	堂 당	姑 고	夫 부	廚 주	결혼주당
災 재	師 사	富 부	殺 살	害 해	天 천	利 이	安 안	災 재	이사주당
危 위	破 파	執 집	定 정	平 평	滿 만	除 제	建 건	建 건	십이신
客 객	婦 부	母 모	女 여	死 사	孫 손	男 남	父 부	客 객	안장주당
六白 육백	五黃 오황	四綠 사록	三碧 삼벽	二黑 이흑	一白 일백	九紫 구자	八白 팔백	七赤 칠적	구성
丑、寅、卯、午、未、申、亥生은 입주、입학、수리등 길	子、寅、卯、午、戌、亥生은 개점、수리、증축등 길	丑、辰、巳、午、未、申、亥生은 출행、분묘、개업등 길	丑、辰、巳、午、未、申、亥生은 매사 평길、취임식대길	子、丑、辰、巳、午、未、申、亥生은 여행、이장、개업등 길	寅、卯、辰、巳、午、申、戌生은 기도、제사、상량등 길	寅、辰、巳、未、申、酉、戌生은 여행、동토、계약등 길	子、丑、辰、巳、午、未、申生은 제사、묘사 등 길。	丑、寅、卯、巳、未、戌、亥生은 출행、입주、접종등 길	재수 있는 사람과 하면 좋은 일
子、辰、巳、酉、戌生은 재배 불길、투자 주의。	丑、辰、巳、未、酉生은 출행、개업、안장 등 불길。	子、寅、卯、酉、戌生은 여행、개업、신축 등 불길。	寅、卯、巳、酉、戌生은 매사 불길、시험운 대흉。	子、丑、未、酉、戌生은 송사 불길	子、丑、卯、午、亥生은 이사 등 이전 불길	子、丑、卯、午、未、亥生은 송사、신축、도적수 불길。	寅、卯、酉、戌、亥生은 매사 불길。	子、辰、午、申、酉、戌、亥生은 동토、승선、이장 등 불길。	재수 없는 사람과 하면 나쁜일
결혼、이사	결혼		이사	이사			결혼	이사	누구나 불길일

- 15 -

24	23	22	21	곡우 계묘일 오시 11시 24분	20	19	18	17	
		정보통신의 날	과학의 날		장애인의 날	4,19 혁명 기념일			
24	23	22	21		20	19	18	17	양력
24	23	22	21		20	19	18	17	음력
일	토	금	목		수	화	월	일	요일
丁未 정미	丙午 병오	乙巳 을사	甲辰 갑진		癸卯 계묘	壬寅 임인	辛丑 신축	庚子 경자	일진
廚주 災재 平평 客객	婦부 師사 滿만 婦부	竈조 富부 除제 母모	第제 殺살 建건 女여		翁옹 害해 閉폐 死사	堂당 天천 開개 孫손	姑고 利이 收수 男남	夫부 安안 成성 父부	결혼주당 이사주당 십이신 안장주당
五黃 오황	四綠 사록	三碧 삼벽	二黑 이흑		一白 일백	九紫 구자	八白 팔백	七赤 칠적	구성
丑、寅、卯、未、酉、戌생은 기도、수리、학술발표 길。	寅、辰、巳、未、申、戌생은 기도、제사、수리 등 길。	子、丑、卯、未、申、酉생은 개업、조선、매매 등 길。	子、午、未、申、酉 생은 제사、입학、여행 등 길。		丑、寅、卯、巳、午、戌、亥 생은 기도、제사、개업등 길	出行、산신기도、기천 등 길	子、丑、寅、卯、巳、申、酉 생은 개업、창고 수리 등 길	子、丑、寅、辰、巳、申、戌 생은 동토、입학、수리등 길	재수 있는 사람과 하면 좋은 일
子、辰、巳、午、申、亥생은 수리、개업、개문 등 불길。	子、丑、卯、午、酉、亥생은 이장、약혼 등 불길。	寅、辰、巳、午、酉、戌、亥생은 출행、안장、개업 등 불길。	丑、寅、卯、辰、巳、戌、亥 생은 송사 불길。		子、辰、午、申、酉 생은 매사 불길、운전주의。	卯、巳、未、申、酉、亥생은 매사 불길。	辰、午、未、戌、亥 생은 출행、개업 등 불길。	卯、午、未、酉、亥 생은 개문 등 불길。	재수 없는 사람과 하면 나쁜 일
이 사	결 혼		이 사		이 사			결 혼	누구나 불길일

구분	25	26	27	28	29	30
양력	25	26	27	28	29	30
음력	25	26	27	28	29	30
요일	월	화	수	목	금	토
일진	戊申 무신	己酉 기유	庚戌 경술	辛亥 신해	壬子 임자	癸丑 계축
결혼주당	夫 부	姑 고	堂 당	翁 옹	第 제	竈 조
이사주당	安 안	利 이	天 천	害 해	殺 살	富 부
십이신	定 정	執 집	破 파	危 위	成 성	收 수
안장주당	父 부	男 남	孫 손	死 사	女 여	母 모
구성	六白 육백	七赤 칠적	八百 팔백	九紫 구자	一白 일백	二黑 이흑
재수 있는 사람과 하면 좋은 일	子、丑、辰、未、申、戌생은 매사 평길、학술발표 대길。	丑、辰、巳、午、未、申、亥생은 출행、입주、입학등 길	子、寅、卯、午、申、戌、亥생은 묘사、기천、안택등 길	丑、寅、卯、未、申、戌생은 수리、학술발표、여행 등 길	子、丑、寅、卯、辰、巳、申、戌생은 계약、동토、입학등 길	子、丑、寅、卯、巳、申、酉생은 묘사、개업、수리등 길
재수 없는 사람과 하면 나쁜 일	寅、卯、巳、午、酉、亥생은 매사 불길。	子、寅、卯、酉、戌생은 동토、승선、이장 등 불길。	丑、辰、巳、未、酉 생은 매사 불길	子、辰、巳、午、酉、亥생은 개업、개문、약혼 등 불길。	卯、午、未、酉、亥 생은 송사、개문 등 불길。	辰、午、未、戌、亥 생은 출행、개업 등 불길。
누구나 불길일	결혼		혼사	결이	이사	

※ 충무공 이순신 탄신일 (28), 법의 날 (25)

★ 재미로 보는 이달의 운세

음력 3월 1일에 비 바람이 닥치면 마을 노인이 많이 다치며、청명일에 남풍이 불면 큰 바람이 불고、곡우일에 비가 오면 풍년이 든다。 특히 3월생은 12월생과 혼인하면 불길하다。 2월생과 3월생은 학자가 많으며 명석한 사람이 많다。 3월생은 학업에 인연이 있다。

☯ 작명은 왜 필요한가 ?

사람의 운명을 음양 오행으로 정리해 보면 오행이 없는 것이 있어서 없는 오행 때문에 성공을 못하고 큰 병을 얻게 되는 수가 있으므로 그 부족하고 필요한 오행을 가지고 작명하면 도움이 되므로 작명은 작명가에게 작명하는 것이 필요한 것이리라。

임인년 5월 大

음력 4월 1일부터 5월 2일까지

구분	1	2	3	4	5	6	7
양력	1	2	3	4	5 (어린이의 날)	6	7
음력	4/1	2	3	4	5	6	7
요일	일	월	화	수	목	금	토
일진	甲寅 갑인	乙卯 을묘	丙辰 병진	丁巳 정사	戊午 무오	己未 기미	庚申 경신
결혼주당	婦 부	竈 조	第 제	翁 옹	堂 당	姑 고	夫 부
이사주당	天 천	利 이	安 안	災 재	師 사	富 부	殺 살
십이신	開 개	閉 폐	建 건	除 제	滿 만	平 평	定 정
안장주당	母 모	女 여	死 사	孫 손	男 남	父 부	客 객
구성	三碧 삼벽	四綠 사록	五黃 오황	六白 육백	七赤 칠적	八百 팔백	九紫 구자
재수 있는 사람과 하면 좋은일	子、丑、寅、辰、午、戌生은 출행、산신기도、기천 등길	丑、寅、卯、巳、未、戌、亥生은 제사、묘사、접종등 길	子、午、未、申、酉 生은 출행、접종、약혼 등 길。	子、丑、卯、未、申、酉生은 입주、약혼 등 길。	丑、寅、卯、未、酉、戌生은 수리、학술발표 등길	寅、卯、辰、巳、午、未、申 生은 출행、입주、이장등 길	子、丑、辰、巳、午、未、申 生은 여행、동토、계약 길。
재수 없는 사람과 하면 나쁜일	卯、巳、未、申、酉、亥生은 매사 불길	子、辰、午、申、酉 生은 매사 불길、원행 주의。	丑、寅、卯、辰、巳、戌、亥 생은 연정 관계 주의。	寅、辰、巳、午、戌、亥生은 동토、이장、출행 등 불길。	子、辰、巳、午、申、亥生은 개업、개문、수리 등 불길。	子、丑、酉、戌、亥 생은 동토、승선 등 불길。	寅、卯、酉、戌、亥 생은 송사、신축、도적수 등 불길
누구나 불길일	결혼		이사			혼사	결혼 이사

※ 입하(立夏): 무오일(戊午日) 해시(亥時) 21시 26분 — 4일과 5일 사이

성년의 날	스승의 날	식품 안전의 날		동학농민혁명 기념일	유권자의 날		부처님 오신 날		
16	15	14	13	12	11	10	9	8	양력
16	15	14	13	12	11	10	9	8	음력
월	일	토	금	목	수	화	월	일	요일
己巳 기사	戊辰 무진	丁卯 정묘	丙寅 병인	乙丑 을축	甲子 갑자	癸亥 계해	壬戌 임술	辛酉 신유	일진
뱀	용	토끼	호랑이	소	돼지	돼지	말	닭	지지 형상
廚주 害해 建건 婦부	夫부 殺살 建건 客객	姑고 富부 閉폐 父부	堂당 師사 開개 男남	翁옹 災재 收수 孫손	第제 安안 成성 死사	竈조 利이 危위 女여	婦부 天천 破파 母모	廚주 害해 執집 婦부	결혼주당 이사주당 십이신 안장주당
九紫 구자	八百 팔백	七赤 칠적	六白 육백	五黃 오황	四綠 사록	三碧 삼벽	二黑 이흑	一白 일백	구성
子、丑、卯、未、申、酉생은 묘사、입주、이장、약혼등길	子、午、未、申 생은 출행、접종、식목、약혼등길	丑、寅、巳、未、戌、亥 생은 출행、입주、접종등 길	생은 여행、계약 등 길。	子、丑、卯、未、戌、亥 개업、조선、도배 등 길。	子、丑、寅、辰、巳、申 생은 동토、입학、수리등 길	子、丑、寅、辰、午、戌 출행、기천、기도 등 길	이장、수리、학술발표 등 길	丑、辰、巳、午、未、申、亥 생은 출행、입주、게약등 길	재수 있는 사람과 하면 좋은 일
寅、辰、巳、午、戌、亥생은 동토、이장、출행 등 불길。	丑、寅、卯、辰、巳、戌 생은 안장 불길、연인 주의	子、辰、午、申、酉 생은 동토、승선、이장 등 불길。	卯、巳、未、申、戌 생은 개문、개업、약혼 등 불길。	寅、辰、巳、午、戌、亥 생은 출행、개업 등 불길。	卯、午、未、酉、戌 생은 송사、개문 등 불길	매사 불길	卯、巳、未、申、亥생은 이장、개업、개문 등 불길。	子、寅、卯、酉、戌 생은 동토、승선、상가집 불길。	재수 없는 사람과 하면 나뿐일
이 사	결 혼 이 사			이 사		결 혼	결 혼	이 사	누구나 불길일

- 19 -

24	23	22	소만 갑술일 사시 10시 23분	부부의날 21	20	발명의날 19	5,18민주화운동일 18	17	양력
24	23	22		21	20	19	18	17	음력
화	월	일		토	금	목	수	화	요일
丁丑 정축	丙子 병자	乙亥 을해		甲戌 갑술	癸酉 계유	壬申 임신	辛未 신미	庚午 경오	일진
소	쥐	돼지		개	닭	원숭이	양	말	지지형상
廚주 害해 成성 婦부	夫부 殺살 危위 客객	姑고 富부 破파 父부		堂당 師사 執집 男남	翁옹 災재 定정 孫손	第제 安안 平평 死사	竈조 利이 滿만 女여	婦부 天천 除제 母모	결혼주당 이사주당 십이신 안장주당
八百 팔백	七赤 칠적	六白 육백		五黃 오황	四綠 사록	三碧 삼벽	二黑 이흑	一白 일백	구성
子、午、未、申、酉 제사、묘사、산신기도 등 길	丑、寅、卯、巳、未、戌、亥 생은 기도、제사、개업등 길	子、丑、寅、辰、午、戌、亥 출행、기천、기도 등 길		子、寅、卯、巳、午、申、戌、亥 생은 기도、제사、개업 등 길	子、寅、卯、午、申、戌、亥 생은 출행、입주、입학등 길	子、丑、辰、未、申、戌생은 매사 평길、학술발표 대길。	寅、卯、辰、巳、午、申、亥생은 여행、개업、상담등 길	寅、辰、巳、未、申、酉、戌 생은 기도、제사、수리등 길	재수 있는 사람과 좋은 일
丑、寅、卯、辰、巳、戌、亥 생은 매사 불길	子、辰、午、申、酉 생은 매사 불길	卯、巳、未、申、酉、亥생은 매사 불길。		丑、辰、巳、未、酉 생은 안장、이장、약혼 등 불길。	子、寅、卯、未、戌 생은 동토、승선、이장 등 불길。	寅、卯、辰、酉、戌、亥생은 매사 불길。	子、丑、未、酉、戌 생은 송사 불길	子、丑、卯、午、亥 생은 이장 등 불길	재수 없는 사람과 나쁜 일
이사	결혼 이사	결혼		이사		이사		결혼	누구나 불길일

★ 재미로 보는 이달의 운세

☯ 음력 4월 입하에 천둥이 치면 노인의 병자가 적으며 농사가 풍년이 든다. 남풍이 불면 노인들의 병자가 많고 서풍이 불면 가축의 피해에 주의하여야 하며 북풍이 불면 해산물이 풍부하다.

4월생은 6월생과 혼인하면 불길하며, 또 고독하며, 부모와의 인연이 없다.

	25	26	27	28	29	30	31
						壬寅年大月 임5월 병오	바다의날
양력	25	26	27	28	29	30	31
음력	25	26	27	28	29	5/1	2
요일	수	목	금	토	일	월	화
일진	戊寅 무인	己卯 기묘	庚辰 경진	辛巳 신사	壬午 임오	癸未 계미	甲申 갑신
지상	(범)	(토끼)	(용)	(뱀)	(말)	(양)	(원숭이)
결혼주당	婦 부	竈 조	第 제	翁 옹	堂 당	夫 부	姑 고
이사주당	天 천	利 이	安 안	災 재	師 사	安 안	利 이
십이신	收 수	開 개	閉 폐	建 건	除 제	滿 만	平 평
안장주당	母 모	女 여	死 사	孫 손	男 남	父 부	男 남
구성	九紫 구자	一白 일백	二黑 이흑	三碧 삼벽	四綠 사록	五黃 오황	六白 육백
재수 있는 사람과 하면 좋은일	子、丑、寅、辰、巳、午、戌、亥生은 출행、산신기도、기천 등 길	子、丑、寅、卯、巳、未、戌、亥生은 기도、제사、개업등 길	子、午、未、申、酉生은 제사、묘사 등 길	子、丑、未、申、酉生은 개업、조선、매매 등 길	寅、辰、卯、巳、未、申、戌生은 기도、제사、수리 등 길	丑、寅、卯、未、酉、戌生은 개토、수리、학술발표 길	子、丑、辰、未、申、戌生은 묘사、개업、구직 등 길
재수 없는 사람과 하면 나쁜일	卯、巳、未、申、亥生은 매사 불길	子、辰、午、申、酉生은 매사 불길、운전 주의	丑、寅、卯、辰、巳、戌、亥生은 매사 불길	寅、辰、巳、午、戌、亥生은 출행、안장、개업 등 불길	子、丑、卯、午、酉、亥生은 이장、약혼 등 불길	子、辰、巳、午、申、酉、亥生은 수리、개업、개문 등 불길	寅、卯、巳、午、酉、亥生은 약혼、출행、개업 등 불길
누구나 불길일	결혼			이사		결혼	

- 21 -

임인년 6월 小

음력 5월 3일부터 6월 2일까지

양력	1	2	3	4	5	6	망종	7
(절기·기타)	전국동시지방선거일		단오		환경의날	현충일	망종 경인일 축시 1시 26분	
음력	3	4	5	6	7	8		9
요일	수	목	금	토	일	월		화
일진	乙酉 을유	丙戌 병술	丁亥 정해	戊子 무자	己丑 기축	庚寅 경인		辛卯 신묘
결혼주당	堂 당	翁 옹	第 제	竈 조	婦 부	廚 주		夫 부
이사주당	天 천	害 해	殺 살	富 부	師 사	災 재		安 안
십이신	定 정	執 집	破 파	危 위	成 성	收 수		開 개
안장주당	孫 손	死 사	女 여	母 모	婦 부	客 객		父 부
구성	七赤 칠적	八百 팔백	九紫 구자	一白 일백	二黑 이흑	三碧 삼벽		四綠 사록
재수 있는 사람과 하면 좋은 일	丑、辰、巳、午、申、亥 생은 출행、입주、계약등 길	子、寅、卯、午、申、戌、亥 생은 개점、수리、증축등 길	丑、寅、卯、午、未、申、亥 생은 입주、입학、수리등 길	子、丑、寅、卯、辰、巳、申、戌 생은 동토、입주、입학、수리등 길	子、丑、寅、卯、巳、午、酉生은 개업、입주、혼담 등 길。	子、丑、寅、辰、午、戌生은 출행、산신기도、기천 등 길		丑、寅、卯、巳、未、戌、亥 생은 기도、제사、개업등 길
재수 없는 사람과 하면 나쁜일	子、寅、卯、酉、戌 생은 동토、승선、상가집 주의。	丑、辰、巳、未、酉 생은 출행、개업、안장 등 불길。	子、辰、巳、酉、戌 생은 재배 불길、투자 주의	卯、午、未、酉、亥 생은 송사、개문 등 불길	丑、辰、巳、午、未、戌、亥生은 백사 불길、취임식 대흉。	卯、巳、未、申、酉、亥生은 송사、이장、개업 등 불길。		子、辰、午、申、酉 생은 매사 불길、운전 주의。
누구나 불길일		이사	결혼이사		결혼	이사		결혼

- 22 -

						6,10 민주항쟁 기념일	구강 보건의 날		
16	15	14	13	12	11	10	9	8	양력
18	17	16	15	14	13	12	11	10	음력
목	수	화	월	일	토	금	목	수	요일
庚子 경자	己亥 기해	戊戌 무술	丁酉 정유	丙申 병신	乙未 을미	甲午 갑오	癸巳 계사	壬辰 임진	일진
쥐	돼지	고양이	닭	원숭이	양	말	뱀	용	지지형상
姑利破男 고이파남	夫安執父 부안집부	廚災定客 주재정객	婦師平婦 부사평부	竈富滿母 조부만모	第殺除女 제살제여	翁害建死 옹해건사	堂天建孫 당천건손	姑利閉男 고이폐남	결혼주당 이사주당 십이신 안장주당
四綠 사록	三碧 삼벽	二黑 이흑	一白 일백	九紫 구자	八百 팔백	七赤 칠적	六白 육백	五黃 오황	구성
子、丑、寅、辰、巳、戌生은 입학、개업、구직 등 길。	丑、寅、卯、未、申、戌生은 이장、수리、여행 등 길。	子、寅、卯、午、申、戌生은 묘사、기천、산신기도 등 길	丑、辰、巳、午、申、亥生은 출행、입주、계약등 길	子、丑、辰、未、申、戌生은 매사 평길、학술발표 대길。	寅、卯、辰、巳、午、申、亥生은 여행、이장、개업등 길	子、丑、卯、未、酉生은 기도、개업、가옥수리 등 길。	子、丑、午、未、申、酉生은 기도、제사、게약 등 길。	丑、寅、卯、巳、未、戌、亥生은 출행、입주、접종등 길。	재수 있는 사람과 하면 좋은 일
卯、午、未、申、酉、亥生은 이장、출행 등 불길。	子、辰、巳、午、酉、戌、亥生은 이장、개업、결혼 등 불길。	丑、辰、巳、未、酉、亥生은 매사 불길	子、寅、卯、酉、戌生은 동토、승선、상가집 주의。	寅、卯、巳、午、酉、戌、亥生은 매사 불길	송사 불길	子、丑、未、酉、戌生은 이장、출행 등 불길。	寅、辰、巳、午、申、戌、亥生은 모든 일이 불길하다。	子、辰、午、申、酉、戌、亥生은 동토、승선、이장 등 불길。	재수 없는 사람과 하면 나쁜 일
	결혼	이사	결혼		이사	이사			누구나 불길일

24	23	22	하지 을사일 유시 18시 14분	21	20	19	18	17	양력
26	25	24		23	22	21	20	19	음력
금	목	수		화	월	일	토	금	요일
戊申 무신	丁未 정미	丙午 병오		乙巳 을사	甲辰 갑진	癸卯 계묘	壬寅 임인	辛丑 신축	일진
(원숭이)	(양)	(말)		(뱀)	(용)	(토끼)	(호랑이)	(소)	지지형상
姑고 利이 滿만 男남	夫부 安안 除제 父부	廚주 災재 建건 客객		婦부 師사 閉폐 婦부	竈조 富부 開개 母모	第제 殺살 收수 女여	翁옹 害해 成성 死사	堂당 天천 危위 孫손	결혼주당 이사주당 십이신 안장주당
三碧 삼벽	二黑 이흑	一白 일백		九紫 구자	八百 팔백	七赤 칠적	六白 육백	五黃 오황	구성
子、丑、辰、巳、午、未、申 生은 여행、동토、계약 길。	寅、卯、辰、巳、午、未、申 生은 출행、입주、이장등 길	寅、辰、巳、未、申、酉、戌 生은 묘사、이장 등 길。		기도、안택、가옥수리 등 길 子、丑、卯、未、酉 生은	子、午、未、申、酉 生은 제사、묘사 등 길。	丑、寅、卯、巳、未、戌、亥 生은 기도、제사、개업등 길	출행、산신기도、기천 등 길 子、丑、寅、卯、辰、午、戌生은	子、丑、寅、卯、申、酉 生은 제사、입학、수리등 길	재수 있는 사람과 하면 좋은 일
寅、卯、酉、戌、亥 生은 송사、신축、도적수 등 불길	子、丑、酉、戌、亥 生은 동토、승선 등 불길。	子、丑、卯、午、亥 生은 개문、개업 등 불길。		寅、辰、巳、申、戌、亥 生은 모든 일이 불길。	丑、寅、辰、巳、戌、亥 生은 매사 불길	子、辰、午、申、酉 生은 매사 불길、운전 주의。	卯、巳、未、酉、亥生은 매사 불길	辰、午、未、戌、亥 生은 상가에 가지 말것、매사불길	재수 없는 사람과 하면 나쁜일
	결혼	이사				이사	이사		누구나 불길일

전자정부의날

임인 6월 정미 年大月 ／ **철도의 날** ／ **6, 25 전쟁일**

일진 구분	30	29	28	27	26	25
양력	30	29	28	27	26	25
음력	2	6/1	30	29	28	27
요일	목	수	화	월	일	토
일진	甲寅 갑인	癸丑 계축	壬子 임자	辛亥 신해	庚戌 경술	己酉 기유
지지형						
결혼주당	姑 고	夫 부	竈 조	第 제	翁 옹	堂 당
이사주당	利 이	安 안	富 부	殺 살	害 해	天 천
십이신	成 성	危 위	破 파	執 집	定 정	平 평
안장주당	男 남	父 부	母 모	女 여	死 사	孫 손
구성	九紫 구자	八白 팔백	七赤 칠적	六白 육백	五黃 오황	四綠 사록
재수 있는 사람과 하면 좋은 일	子、丑、寅、辰、午、戌생은 개업、금전상담、개문 등 길	子、丑、卯、未、酉 생은 개업、조선、도배 등 길。	子、寅、巳、午、戌생은 구직、개업、파토 등 길。	丑、寅、卯、午、未、酉、戌생은 묘사、수리、개업등 길	子、寅、卯、午、未、酉、戌 생은 기도、제사 개업 등 길	丑、辰、巳、午、未、申、亥 생은 출행、입주、입학등 길
재수 없는 사람과 하면 나쁜 일	卯、巳、未、申、酉、亥생은 매사 불길。	寅、辰、巳、午、申、戌、亥 생은 출행、개업 등 불길。	丑、卯、辰、巳、午、申、戌、亥 생은 모든 일이 불길	子、辰、巳、申、亥 생은 안장、출행、약혼 등 불길。	丑、辰、巳、未、酉 생은 안장、이장、약혼 등 불길。	子、寅、卯、酉、戌 생은 동토、승선、이장 등 불길。
누구나 불길일			결혼	결혼 이사	혼사	이사

★ 재미로 보는 이달의 운세

◉ 음력 5월 단오일에 비가 내리면 풍년이 들며, 망종과 하지일에도 비가 오면 풍년이 든다。하지일에 붉은 구름이 있으면 안질이 많다。5월생은 2월생과 결혼하면 불길하다。5월생은 학자로 진출하면 출세한다。특히 발명가나 교직자가 적합한 직업이니 선택하면 길하리라。

◉ 매년 신수는 왜 보는 것이 좋은가? 사람의 운명은 천지 만물의 회전하는 이치와 같이 돌고 도는 것이 운명이므로 길한 운일 때 더 노력하고 나쁜 운일 때 주의하여 노력한다면 실패와 성공의 차이점이 있을 것이므로 미리 운의 길흉을 점쳐 보는 것이 필요한 것이리라。

임인년 7월 大

음력 6월 3일부터 7월 3일까지

소서 신유일 오시 11시 38분

구분	1	2	3	4	5	6	7
양력	1	2	3	4	5	6	7
음력	3	4	5	6	7	8	9
요일	금	토	일	월	화	수	목
일진	乙卯 을묘	丙辰 병진	丁巳 정사	戊午 무오	己未 기미	庚申 경신	辛酉 신유
지형지상	토끼	용	뱀	말	양	원숭이	닭
결혼주당	堂 당	翁 옹	第 제	竈 조	婦 부	廚 주	夫 부
이사주당	天 천	害 해	殺 살	富 부	師 사	災 재	安 안
십이신	收 수	開 개	閉 폐	建 건	除 제	滿 만	平 평
안장주당	孫 손	死 사	女 여	母 모	婦 부	客 객	父 부
구성	一白 일백	二黑 이흑	三碧 삼벽	四綠 사록	五黃 오황	六白 육백	七赤 칠적
재수 있는 사람과 하면 좋은 일	丑、寅、卯、巳、未、戌、亥생은 출행、입주、접종등 길	子、午、未、申、酉 생은 출행、접종、식목、약혼등길	子、丑、卯、未、申、酉생은 묘사、입주、이장、약혼등길	寅、辰、巳、未、申、酉、戌 생은 제사、약혼、상량등 길	丑、寅、辰、未、酉、戌생은 개토、수리、학술발표 길。	子、丑、辰、未、申、戌생은 묘사、개업、구직 등 길。	丑、辰、巳、午、未、申、亥 생은 출행、입주、게약등 길
재수 없는 사람과 하면 나쁜 일	子、辰、午、申、酉 생은 동토、승선、이장 등 불길。	丑、寅、卯、辰、巳、戌、亥 생은 안장 불길、연인 주의	寅、辰、巳、午、戌、亥 생은 동토、이장、출행 등 불길。	子、丑、卯、午、亥 생은 송사、약혼、이장 등 불길。	子、辰、巳、午、申、亥생은 수리、개업、개문 등 불길。	寅、卯、巳、午、酉、亥생은 약혼、출행、개업 등 불길。	子、寅、卯、酉、戌 생은 동토、승선、상가집 불길。
누구나 불길일	이사	이사		이사	결혼	이사	결혼

- 26 -

	초복			정보보호의날		인구의날				
양력	16	15	14	13	12	11	10	9	8	
음력	18	17	16	15	14	13	12	11	10	
요일	토	금	목	수	화	월	일	토	금	
일진	庚午 경오	己巳 기사	戊辰 무진	丁卯 정묘	丙寅 병인	乙丑 을축	甲子 갑자	癸亥 계해	壬戌 임술	
결혼주당	姑 고	夫 부	廚 주	婦 부	竈 조	第 제	翁 옹	堂 당	姑 고	
이사주당	利 이	安 안	災 재	師 사	富 부	殺 살	害 해	天 천	利 이	
십이신	建 건	閉 폐	開 개	收 수	成 성	危 위	破 파	執 집	定 정	
안장주당	男 남	父 부	客 객	婦 부	母 모	女 여	死 사	孫 손	男 남	
구성	三碧 삼벽	四綠 사록	五黃 오황	六白 육백	七赤 칠적	八百 팔백	九紫 구자	九紫 구자	八百 팔백	
재수 있는 사람과 하면 좋은일	寅、卯、辰、巳、午、未、申 생은 출행、입주、이장등 길	寅、辰、巳、未、申、酉、戌 생은 매사 평길、무난하다。	子、午、未、申、酉 生은 제사、묘사 등 길	丑、寅、卯、巳、未、戌、亥 생은 기도、제사、개업등 길	子、丑、寅、卯、辰、午、戌生은 개업、금전상담、개문 등 길	子、丑、寅、未、酉 生은 개업、조선、도배 등 길	子、丑、寅、辰、巳、申、戌 생은 동토、입학、수리등 길	丑、寅、卯、未、酉、戌生은 상량、개업、기도 등 길。	子、寅、卯、午、申、戌、亥 생은 기도、묘사、개업등 길	
재수 없는 사람과 하면 나쁜일	子、丑、酉、戌、亥 생은 동토、승선 등 불길。	子、丑、寅、卯、午、亥 생은 건문、개문 등 불길。	丑、寅、卯、辰、巳、戌、亥 생은 매사 불길	子、辰、午、申、酉 生은 매사 불길	卯、巳、未、申、酉 生은 매사 불길	寅、辰、巳、午、申、戌、亥 생은 출행、개업 등 불길。	卯、午、未、酉、亥 生은 송사、개문 등 불길。	子、辰、巳、酉、申、亥생은 운전주의、차사고 주의。	丑、辰、巳、未、酉 生은 안장、이장、약혼 등 불길。	
누구나 불길일		결혼	이사	결혼		이사	이사	결혼		

양력	17 (제헌절)	18	19	20	21	22	23	대서 정축일 묘시 5시 7분	24
음력	19	20	21	22	23	24	25		26
요일	일	월	화	수	목	금	토		일
일진	辛未 신미	壬申 임신	癸酉 계유	甲戌 갑술	乙亥 을해	丙子 병자	丁丑 정축		戊寅 무인
결혼주당 / 이사주당 / 십이신 / 안장주당	堂당 / 天천 / 建건 / 孫손	翁옹 / 害해 / 除제 / 死사	第제 / 殺살 / 滿만 / 女여	竈조 / 富부 / 平평 / 母모	婦부 / 師사 / 定정 / 婦부	廚주 / 災재 / 執집 / 客객	夫부 / 安안 / 破파 / 父부		姑고 / 利이 / 危위 / 男남
구성	二黑 이흑	一白 일백	九紫 구자	八百 팔백	七赤 칠적	六白 육백	五黃 오황		四綠 사록
재수 있는 사람과 하면 좋은 일	子、丑、卯、辰、午、未、申 생은 기도、수리 등 길。	子、丑、辰、巳、午、未、申 생은 여행、동토、계약 길。	丑、辰、巳、午、未、申、戌、亥 생은 출행、분묘、개업등 길	子、寅、卯、午、申、戌、亥 생은 묘사、기천、안택등 길	丑、寅、卯、未、申、戌、亥 생은 수리、학술발표、여행 등 길	子、丑、寅、辰、巳、申、戌 생은 계약、동토、입주 등 길	子、寅、卯、巳、申、酉생은 개업、입주、혼담 등 길。		子、丑、寅、辰、午、戌생은 개업、금전상담、개문 등 길
재수 없는 사람과 하면 나쁜일	寅、巳、酉、戌、亥 생은 송사 불길	寅、卯、酉、戌、亥 생은 송사、신축、도적수 등 불길	子、寅、卯、酉、戌 생은 안장、원행 등 불길。	丑、辰、巳、未、酉 생은 매사 불길	子、辰、巳、午、酉 생은 개업、개문、약혼 등 불길。	卯、午、未、酉、亥 생은 송사、개문 등 불길。	丑、辰、午、未、戌、亥생은 매사 불길、취임식 대흉。		卯、巳、未、申、酉、亥생은 매사 불길。
누구나 불길일	이사	이사		결혼	결혼	이사	결혼		

임인年 7월 小月 무신

중복

양력	25	26	27	28	29	30	31
음력	27	28	29	30	7/1	2	3
요일	월	화	수	목	금	토	일
일진(지상)	己卯 기묘	庚辰 경진	辛巳 신사	壬午 임오	癸未 계미	甲申 갑신	乙酉 을유
지지형상	토끼	용	뱀	말	양	원숭이	닭
결혼주당	堂 당	翁 옹	第 제	竈 조	婦 부	竈 조	第 제
이사주당	天 천	害 해	殺 살	富 부	天 천	利 리	安 안
십이신	成 성	收 수	開 개	閉 폐	建 건	除 제	滿 만
안장주당	孫 손	死 사	女 여	母 모	母 모	女 여	死 사
구성	三碧 삼벽	二黑 이흑	一白 일백	九紫 구자	八白 팔백	七赤 칠적	六白 육백
재수 있는 사람과 하면 좋은일	寅、辰、巳、未、申、酉、戌 생은 묘사、이장 등 길	子、丑、寅、卯、申、酉、戌 생은 계약、동토、수리 등길	丑、寅、卯、午、未、酉、亥 생은 여행、기도、출행등 길	寅、辰、巳、未、申、酉、戌 생은 묘사、수리 등 길 。	寅、卯、辰、巳、午、申、亥 생은 여행、개업、상담등 길	子、丑、辰、未、申、戌생은 매사 평길、학술발표 대길。	丑、辰、巳、午、未、申、亥 생은 출행、입주、입학등 길
재수 없는 사람과 하면 나뿐일	子、丑、卯、午、亥 생은 개문、개업 등 불길	卯、午、未、酉、亥 생은 송사、개문、개업 등 불길	子、辰、巳、申、戌 생은 의복 재단、재배 등 불길。	子、丑、未、酉、亥 생은 개문、개업 등 불길	子、丑、未、酉、戌 생은 송사 불길	寅、卯、巳、午、酉、戌、亥생은 매사 불길	子、寅、卯、酉、戌 생은 동토、승선、이장 등 불길。
누구나 불길일		이사	이사		결혼		

★ 재미로 보는 이달의 운세

☯ 음력 6월 삼복이 너무 더우면 오곡이 여물지 않으며 겨울에 바람이 많다. 중복일에 보약을 복용하면 약효가 특효하다. 6월생은 풍파가 많으며 평생 의식주는 넉넉하며 기술직이 좋다.

겨울에 눈이 많이 오면 대서일에 청명하여도

임인년 8월 大

음력 7월 4일부터 8월 5일까지

양력	7	6	5	4	3	2	1
음력	10	9	8	7	6	5	4
요일	일	토	금	목	수	화	월
일진	壬辰 (임진)	辛卯 (신묘)	庚寅 (경인)	己丑 (기축)	戊子 (무자)	丁亥 (정해)	丙戌 (병술)
지지상형	(용)	(토끼)	(호랑이)	(소)	(쥐)	(돼지)	(개)
결혼주당	竈 (조)	婦 (부)	廚 (주)	夫 (부)	姑 (고)	堂 (당)	翁 (옹)
이사주당	利 (이)	天 (천)	害 (해)	殺 (살)	富 (부)	師 (사)	災 (재)
십이신	收 (수)	成 (성)	危 (위)	破 (파)	執 (집)	定 (정)	平 (평)
안장주당	女 (여)	母 (모)	婦 (부)	客 (객)	父 (부)	男 (남)	孫 (손)
구성	八白 (팔백)	九紫 (구자)	一白 (일백)	二黑 (이흑)	三碧 (삼벽)	四綠 (사록)	五黃 (오황)
재수 있는 사람과 하면 좋은일	子、午、未、申、酉생은 기도、제사、계약、입문등길	丑、寅、卯、巳、未、戌、亥생은 출행、입주、접종등 길	子、丑、寅、辰、未、戌、亥생은 이장、여행、계약등 길	子、丑、寅、卯、巳、午、戌、酉생은 묘사、계약、기도등 길	子、寅、卯、巳、未、戌、亥생은 기도、제사、개업등 길	子、丑、寅、辰、午、戌생은 출행、기천、기도 등	丑、寅、卯、未、酉、戌생은 이장、수리、학술발표 등길
재수 없는 사람과 하면 나쁜일	丑、寅、卯、辰、巳、戌、亥생은 출행、개업、이장 불길	子、辰、午、申、酉생은 동토、승선、이장 등 불길。	卯、巳、午、申、酉생은 개문、개업、약혼 등 불길。	辰、未、申、亥생은 매사 불길、여행 특히 불길	子、辰、午、申、酉생은 매사 불길。	卯、巳、未、申、酉、亥생은 매사 불길。	子、辰、巳、午、申、亥생은 이장、개업、개문 등 불길。
누구나 불길일		결혼	이사	결혼이사	결혼이사	결혼	이사

입추 임진일 해시 21시 29분

광복절 (말복) — 15일 / 섬의날 — 8일

구분	16	15	14	13	12	11	10	9	8
양력	16	15	14	13	12	11	10	9	8
음력	19	18	17	16	15	14	13	12	11
요일	화	월	일	토	금	목	수	화	월
일진	辛丑 신축	庚子 경자	己亥 기해	戊戌 무술	丁酉 정유	丙申 병신	乙未 을미	甲午 갑오	癸巳 계사
지상 지형									
결혼주당	第 제	竈 조	婦 부	廚 주	夫 부	姑 고	堂 당	翁 옹	第 제
이사주당	安 안	利 이	天 천	害 해	殺 살	富 부	師 사	災 재	安 안
십 이 신	執 집	定 정	平 평	滿 만	除 제	建 건	建 건	閉 폐	開 개
안장주당	死 사	女 여	母 모	婦 부	客 객	父 부	男 남	孫 손	死 사
구성	八白 팔백	九紫 구자	一白 일백	二黑 이흑	三碧 삼벽	四綠 사록	五黄 오황	六白 육백	七赤 칠적
재수 있는 사람과 하면 좋은일	子、午、未、申、酉生은 제사、묘사、산신기도 등 길	丑、寅、卯、巳、未、午、戌、亥生은 출행、기천、기도、제사、개업등 길	子、丑、寅、卯、辰、午、未、戌、亥生은 이장、수리、학술발표 등 길	丑、寅、卯、未、酉、戌生은 가옥수리、출행、입주등 길	丑、辰、巳、午、未生은 매사 평길、학술발표 대길。	子、丑、辰、未、申、酉、戌生은 약혼、여행、개업、이장등길	寅、卯、辰、午、申、亥생은 약혼、여행、개업、이장등 길	寅、辰、巳、未、申、酉、戌生은 묘사、이장 등 길。	子、丑、卯、未、申、酉、亥생은 개업、조선、매매 등 길。
재수 없는 사람과 하면 나뿐일	丑、寅、卯、辰、巳、戌、亥生은 매사 불길。	子、辰、午、申、酉生은 매사 불길	卯、巳、未、申、酉、亥生은 이장、개업、개문 등 불길。	子、辰、巳、午、申、戌、亥생은 승선、이장 등 불길。	子、寅、卯、申、戌、亥생은 이장、개문 등 불길。	寅、卯、巳、午、酉、亥생은 매사 불길。	子、丑、巳、午、酉、戌生은 매사 불길。	子、丑、巳、未、酉、戌生은 개문、개업등 불길。	寅、辰、巳、午、戌생은 출행、이장、개업 등 불길。
누구나 불길일			결 혼	이 사	결혼 / 이사			이 사	

진	壬寅 (임인) 17 / 20 / 수	癸卯 (계묘) 18 / 21 / 목	甲辰 (갑진) 19 / 22 / 금	乙巳 (을사) 20 / 23 / 토	丙午 (병오) 21 / 24 / 일	丁未 (정미) 22 / 25 / 월	戊申 (무신) 23 / 26 / 화	己酉 (기유) 24 / 27 / 수
양력	17	18	19	20	21	22	23	24
음력	20	21	22	23	24	25	26	27
요일	수	목	금	토	일	월	화	수
일진	壬寅 (임인)	癸卯 (계묘)	甲辰 (갑진)	乙巳 (을사)	丙午 (병오)	丁未 (정미)	戊申 (무신)	己酉 (기유)
지지상/지형	호랑이	토끼	용	뱀	말	양	원숭이	닭
결혼주당	翁 옹	堂 당	姑 고	夫 부	廚 주	婦 부	竈 조	第 제
이사주당	災 재	師 사	富 부	殺 살	害 해	天 천	利 이	安 안
십이신	破 파	危 위	成 성	收 수	開 개	閉 폐	建 건	除 제
안장주당	孫 손	男 남	父 부	客 객	婦 부	母 모	女 녀	死 사
구성	七赤 (칠적)	六白 (육백)	五黃 (오황)	四綠 (사록)	三碧 (삼벽)	二黑 (이흑)	一白 (일백)	九紫 (구자)
재수 있는 사람과 하면 좋은 일	子、丑、寅、辰、午、戌生은 출행、산신기도、기천 등 길	子、丑、寅、巳、未、戌、亥生은 기도、제사、개업등 길	子、午、未、申、酉生은 제사、묘사 등 길。	子、丑、辰、巳、未、申生은 여행、동토、계약등 길	寅、辰、巳、未、申、酉、戌生은 기도、제사、상량등 길	寅、卯、辰、巳、未、申、酉、戌生은 여행、이장、개업등 길	子、丑、辰、未、申、戌生은 매사 평길、학술발표 대길。	丑、辰、巳、午、未、申、亥生은 출행、입주、계약등 길
재수 없는 사람과 하면 나쁜 일	卯、巳、未、申、酉、亥생은 매사 불길	子、辰、午、申、酉생은 매사 불길、운전주의。	丑、寅、卯、辰、巳、戌、亥생은 매사 불길。	寅、卯、酉、戌、亥생은 송사、신축、도적수 불길。	子、丑、卯、午、亥생은 송사、계약등 불길。	子、丑、未、酉、戌생은 이사 등 이전 불길。	寅、卯、巳、午、酉、亥생은 송사 불길。	子、寅、卯、酉、戌생은 동토、승선、상가집 불길。
누구나 불길일	이사		결이 혼사	이사	결혼			

처서 무신일 오시 12시 16분

年大月 임인 8월 기유

양력	31	30	29	28	27	26	25
음력	5	4	3	2	8/1	29	28
요일	수	화	월	일	토	금	목
일진	丙辰 병진	乙卯 을묘	甲寅 갑인	癸丑 계축	壬子 임자	辛亥 신해	庚戌 경술
지상형	(뱀)	(토끼)	(호랑이)	(소)	(돼지)	(돼지)	(개)
결혼주당 / 이사주당 / 십이신 / 안장주당	第제 殺살 成성 女여	翁옹 害해 危위 死사	堂당 天천 破파 孫손	姑고 利이 執집 男남	夫부 安안 定정 父부	堂당 師사 平평 男남	翁옹 災재 滿만 孫손
구성	二黑 이흑	三碧 삼벽	四綠 사록	五黃 오황	六白 육백	七赤 칠적	八百 팔백
재수 있는 사람과 하면 좋은일	子、午、未、申、酉생은 기도、제사、계약、입문 길	丑、寅、卯、巳、未、戌、亥생은 기도、제사、개업등 길	子、丑、寅、辰、午、戌생은 개업、금전상담、개문 등 길	子、丑、寅、卯、辰、午、戌생은 묘사、계약、기도등 길	丑、寅、卯、巳、未、戌생은 기도、제사、개업등 길	子、丑、寅、辰、午、戌생은 출행、기천、기도 등 길	丑、寅、卯、未、酉、戌생은 이장、수리、학술발표 등 길
재수 없는 사람과 하면 나쁜일	丑、寅、卯、辰、巳、戌、亥생은 출행、개업、승선 불길	子、辰、午、申、酉생은 매사 불길	卯、巳、未、申、酉、亥생은 매사 불길	辰、午、未、戌、亥생은 매사 불길、여행 특히 불길	子、辰、午、申、酉생은 매사 불길	卯、巳、未、申、酉、亥생은 매사 불길	子、辰、巳、午、申、亥생은 이장、개업、개문 등 불길。
누구나 불길일	이사	이사			결혼	결혼	이사

★ 재미로 보는 이달의 운세

☯ 음력 7월 입추일에 비가 오면 풍년, 동풍이 불면 7월생은 질병주의、남풍이 불면 寅생은 교통사고 주의、서풍이 불면 큰 비로 홍수 우려。 처서일에 비가 오면 처서일 출생자는 장수하고 농사는 풍년이다。 7월생은 4월생과 혼인하면 불길하다。 7월생은 신을 믿으면 길하다。

- 33 -

임인년 9월 小

음력 8월 6일부터 9월 5일까지

(곤충의 사회복지의 날)

8	7	6	5	4	3	2	1	양력
13	12	11	10	9	8	7	6	음력
목	수	화	월	일	토	금	목	요일
甲子 갑자	癸亥 계해	壬戌 임술	辛酉 신유	庚申 경신	己未 기미	戊午 무오	丁巳 정사	일진
								지지형상
第殺定女 제살정녀	翁害平死 옹해평사	堂天滿孫 당천만손	姑利除男 고리제남	夫安建父 부안건부	廚災閉客 주재폐객	婦師開婦 부사개부	竈富收母 조부수모	결혼주당 / 이사주당 / 십이신 / 안장주당
三碧 삼벽	四綠 사록	五黃 오황	六白 육백	七赤 칠적	八百 팔백	九紫 구자	一白 일백	구성
子、丑、寅、辰、巳、申、戌 생은 제사、출행、개업등 길	子、寅、卯、午、戌、亥 생은 묘사、안택、기도등 길	丑、巳、午、未、申、亥 생은 출행、입주、입학등 길	子、丑、辰、未、申、戌생은 평길、학술발표 대길。	子、丑、辰、未、申、戌생은 평길、학술발표 대길。	寅、卯、辰、巳、午、申、戌생은 여행、개업、상담등 길	寅、辰、巳、未、申、酉、戌 생은 기도、약혼、상량등 길	子、丑、卯、未、酉 생은 묘사、이장、상량 등 길。	재수 있는 사람과 하면 좋은일
卯、午、未、酉、亥 생은 동토、승선 등 불길	丑、辰、巳、未、酉 생은 매사 불길	子、寅、卯、酉、戌 생은 동토、승선、이장 등 불길。	寅、卯、巳、午、酉、亥생은 매사 불길	寅、卯、巳、午、酉、亥생은 매사 불길	子、丑、未、酉、戌 생은 송사 불길	子、丑、卯、午、酉、亥 생은 수리、동토 등 불길。	寅、辰、巳、午、申、戌、亥 생은 매사 불길	재수 없는 사람과 하면 나쁜일
이 사	결혼 이사			결 혼	이 사	결 혼		누구나 불길일

	추석연휴				대체공휴일		

백로 갑자일 자시 24시 32분

항목	16	15	14	13	12	11	10	9
양력	16	15	14	13	12	11	10	9
음력	21	20	19	18	17	16	15	14
요일	금	목	수	화	월	일	토	금
일진	壬申 임신	辛未 신미	庚午 경오	己巳 기사	戊辰 무진	丁卯 정묘	丙寅 병인	乙丑 을축
지상 지형	(원숭이)	(양)	(말)	(뱀)	(용)	(토끼)	(호랑이)	(소)
결혼주당	第 제	翁 옹	堂 당	姑 고	夫 부	廚 주	婦 부	竈 조
이사주당	殺 살	害 해	天 천	利 이	安 안	災 재	師 사	富 부
십이신	建 건	閉 폐	開 개	收 수	成 성	危 위	破 파	執 집
안장주당	女 여	死 사	死 사	孫 손	男 남	客 객	婦 부	母 모
구성	四綠 사	五黃 오황	六白 육백	七赤 칠적	八白 팔백	九紫 구자	一白 일백	二黑 이흑
재수 있는 사람과 좋은 일 하면	子、丑、辰、未、申、戌生은 묘사、개업、구직 등 길。	寅、卯、辰、巳、午、未生은 출행、입주、이장등 길	寅、辰、巳、未、申、酉生은 기도、제사、수리등 길	子、丑、卯、未、酉生은 묘사、이장、상량 등 길。	子、午、未、酉生은 제사、묘사 등 길。	子、寅、卯、巳、戌、亥生은 기도、개업 등 길。	子、寅、卯、辰、午、戌생은 출행、산신기도、기천 등 길	子、丑、寅、卯、巳、申、酉生은 제사、입학、수리등 길
재수 없는 사람과 나쁜 일 하면	寅、卯、巳、午、酉、亥생은 약혼、출행、개업 등 불길。	子、丑、酉、戌、亥生은 동토、승선 등 불길。	子、丑、卯、午、亥生은 이장 등 불길	寅、辰、巳、午、申、戌、亥生은 매사 불길	丑、寅、卯、辰、巳、戌、亥生은 매사 불길	丑、辰、午、申、酉生은 운전 주의。	卯、巳、未、申、酉、亥생은 매사 불길、	辰、午、未、戌、亥生은 상가에 가지 말것、매사불길
누구나 불길일	이사	이사			결혼	이사	결혼	

항목	17	18	19	20	21	22	23	추분	24
양력	17	18	19	20	21	22	23		24
음력	22	23	24	25	26	27	28		29
요일	토	일	월	화	수	목	금		토
일진	癸酉 계유	甲戌 갑술	乙亥 을해	丙子 병자	丁丑 정축	戊寅 무인	己卯 기묘	기묘일	庚辰 경진
지상	닭	개	돼지	쥐	소	호랑이	토끼		용
결혼주당	竈 조	婦 부	廚 주	夫 부	姑 고	堂 당	翁 옹		第 제
이사주당	富 부	師 사	災 재	安 안	利 이	天 천	害 해		殺 살
십 이 신	建 건	除 제	滿 만	平 평	定 정	執 집	破 파		危 위
안장주당	母 모	婦 부	客 객	父 부	男 남	孫 손	死 사		女 여
구 성	三碧 삼벽	二黑 이흑	一白 일백	九紫 구자	八白 팔백	七赤 칠적	六白 육백		五黃 오황
재수 있는 사람과 하면 좋은 일	丑、辰、巳、午、未、申、酉、戌生은 출행、입주、게약등 길。	丑、寅、卯、未、酉、戌生은 이장、수리、학술발표 등 길。	子、丑、寅、卯、午、未、申、亥生은 입주、입학、수리등 길。	子、丑、寅、辰、巳、申、戌生은 동토、입학、수리등 길。	子、丑、卯、未、酉生은 개업、조선、도배 등 길。	子、丑、寅、午、未、戌生은 안장、출행、산신기도 등 길。	丑、寅、卯、巳、未、戌、亥生은 출행、입주、접종등 길。	사시 10시 4분	子、午、未、申、酉、生은 기도、제사、계약、입문 길
재수 없는 사람과 하면 나쁜 일	子、寅、卯、酉、戌생은 동토、승선、상가집 불길。	子、辰、巳、酉、戌생은 이장、개업、개문 등 불길。	卯、午、未、酉、亥생은 재배 불길、투자 주의。	卯、午、未、酉、亥생은 송사、개문 등 불길。	寅、辰、巳、午、申、戌생은 출행、개업 등 불길。	卯、辰、巳、申、酉생은 안장 불길、금전 거래 주의	子、辰、午、申、酉생은 동토、승선、이장등 불길。		丑、寅、卯、辰、巳、戌、亥생은 출행、개업、이장 불길
누구나 불길일		결혼	결이 혼사	결혼			이사		이사

추분

年小月 임인 9월 경술

양력	30	29	28	27	26	25
음력	5	4	3	2	9/1	30
요일	금	목	수	화	월	일
일진	丙戌 병술	乙酉 을유	甲申 갑신	癸未 계미	壬午 임오	辛巳 신사
지지형상	(개)	(닭)	(원숭이)	(양)	(말)	(뱀)
결혼주당	堂 당	翁 옹	第 제	竈 조	婦 부	竈 조
이사주당	師 사	災 재	安 안	利 이	天 천	富 부
십이신	除 제	建 건	閉 폐	開 개	收 수	成 성
안장주당	男 남	孫 손	死 사	女 여	母 모	母 모
구성	八百 팔백	九紫 구자	一白 일백	二黑 이흑	三碧 삼벽	四綠 사록
재수 있는 사람과 하면 좋은 일	子、寅、卯、午、申、戌、亥 생은 기도、제사 개업 등 길	丑、辰、巳、午、未、申、亥 생은 출행、입주、입학등 길	子、丑、辰、未、申、戌생은 매사 평길、학술발표 대길。	寅、卯、辰、巳、午、申、亥생은 여행、개업、상담등 길	寅、辰、巳、未、酉、戌 생은 기도、약혼、제사등 길	子、午、未、申、酉 생은 제사、묘사、산신기도 등 길
재수 없는 사람과 하면 나쁜 일	丑、辰、巳、未、酉 생은 안장、이장、약혼 등 불길。	子、寅、卯、酉、戌 생은 동토、승선、이장 등 불길。	寅、卯、巳、午、酉、亥생은 매사 불길	子、丑、未、酉、戌 생은 송사 불길	子、丑、卯、午、亥 생은 이장 등 불길	丑、寅、卯、辰、巳、戌、亥 생은 매사 불길。
누구나 불길일		이사			결혼	

★ 재미로 보는 이달의 운세

◉ 음력 8월 15일 추석날에 비가 오면 만물이 풍성하고, 흰 구름이 뜨면 대풍이며, 동풍이 불면 사람이 편하다。8월에 출생한 여자는 인내심을 기르고, 남자는 평생동안 고집을 주의하라。8월생은 5월생과 결혼하면 불길하다。

◉ 결혼 택일은 왜 하여야 하는가?

사람마다 자기에게 좋은 날이 있고、나쁜 날이 있다。나쁜날 결혼하면 좋을 것이 없을 것이고、좋은날 혼인식을 하면 손해 볼 일도 없다。또한 부모의 나쁜날 자식이 혼인하여 부모와 같이 식장에 참석하는 것도 부모에게 도움이 되지 않으므로 혼인날은 반드시 좋은 날을 택하여야 한다。

임인년 10월 大

음력 09월 6일부터 10월 7일까지

재향군인의 날			세계한인의 날		개천절	노인의 날	국군의 날	
8	7	6	5	4	3	2	1	양력
13	12	11	10	9	8	7	6	음력
토	금	목	수	화	월	일	토	요일
甲午 갑오	癸巳 계사	壬辰 임진	辛卯 신묘	庚寅 경인	己丑 기축	戊子 무자	丁亥 정해	일진
〔말〕	〔뱀〕	〔용〕	〔토끼〕	〔호랑이〕	〔소〕	〔쥐〕	〔돼지〕	지지상형
堂 당	翁 옹	第 제	竈 조	婦 부	廚 주	夫 부	姑 고	결혼주당
師 사	災 재	安 안	利 이	天 천	害 해	殺 살	富 부	이사주당
收 수	成 성	危 위	破 파	執 집	定 정	平 평	滿 만	십이신
男 남	孫 손	死 사	女 여	母 모	婦 부	客 객	父 부	안장주당
九紫 구자	一白 일백	二黑 이흑	三碧 삼벽	四綠 사록	五黃 오황	六白 육백	七赤 칠적	구성
寅、卯、辰、巳、午、未、申 생은 출행、입주、이장등 길	子、丑、卯、未、申、酉생은 개업、조선、매매 등 길。	子、午、未、申、酉 생은 기도、여행、개축 등 길。	子、寅、卯、巳、未、戌、亥 생은 기도、개업 등 길。	子、丑、卯、辰、午、戌生은 출행、산신기도、기천 등 길	子、丑、寅、卯、巳、申、酉 생은 제사、가옥수리 등 길	子、丑、寅、辰、巳、申、戌 생은 동토、입학、수리등 길	子、丑、寅、卯、未 생은 묘사、이장등 길。	재수 있는 사람과 하면 좋은일
子、丑、酉、戌、亥 생은 동토、승선 등 불길。	寅、辰、巳、午、戌、亥생은 출행、이장、개업 등 불길。	丑、寅、辰、巳、午、戌、亥생은 송사、개업 등 불길。	子、辰、午、申、酉 생은 메사 불길、운전주의。	卯、巳、未、申、酉、亥생은 송사、이장、개업 등 불길。	辰、午、未、戌、亥 상가에 가지말 것、매사불길	卯、午、未、酉、戌、亥 생은 송사、개문、기도 등 불길。	辰、巳、午、申、酉、戌、亥 생은 매사 불길。	재수 없는 사람과 하면 나쁜일
	이사			결혼	이사	결혼사 이	결혼	누구나 불길일

	16	15	14	13	12	11	10	9	
	부마민주항쟁기념일	체육의 문화의 날						한글날	
양력	16	15	14	13	12	11	10	9	
음력	21	20	19	18	17	16	15	14	
요일	일	토	금	목	수	화	월	일	한로 갑오일 신시 16시 22분
일진	壬寅 임인	辛丑 신축	庚子 경자	己亥 기해	戊戌 무술	丁酉 정유	丙申 병신	乙未 을미	
지형상	(호랑이)	(소)	(쥐)	(돼지)	(토끼)	(닭)	(원숭이)	(양)	
결혼주당	堂 당	翁 옹	第 제	竈 조	婦 부	廚 주	夫 부	姑 고	
이사주당	師 사	災 재	安 안	利 이	天 천	害 해	殺 살	富 부	
십이신	定 정	平 평	滿 만	除 제	建 건	建 건	閉 폐	開 개	
안장주당	男 남	孫 손	死 사	女 여	母 모	婦 부	客 객	父 부	
구성	一白 일백	二黑 이흑	三碧 삼벽	四綠 사록	五黃 오황	六白 육백	七赤 칠적	八百 팔백	
재수 있는 사람과 하면 좋은 일	子、丑、卯、未、酉 생은 개업、조선、도배 등 길。	子、丑、寅、辰、巳、申、戌 생은 제사、출행、개업등 길	丑、寅、卯、午、未、酉、戌 상량、개업、기도 등 길。	子、寅、卯、午、未、申、戌、亥 생은 기도、묘사、개업등 길	子、寅、卯、午、未、申、戌、亥 생은 기도、제사 개업 등 길	丑、辰、巳、午、未、申、亥 생은 출행、입주、입학등 길	매사 평길、학술발표 대길。	寅、卯、辰、巳、午、申、戌생은 여행、개업、상담등 길	
재수 없는 사람과 하면 나뿐일	寅、辰、巳、午、申、戌、亥 생은 출행、이장 등 불길。	卯、午、未、酉、亥 생은 동토、승선 등 불길。	子、辰、巳、午、申、亥생은 운전주의、차사고 주의。	丑、辰、巳、未、酉 생은 안장、이장、약혼 등 불길。	丑、辰、巳、未、酉 생은 안장、이장、약혼 등 불길。	子、寅、卯、酉、戌 생은 동토、승선、이장 등 불길。	매사 불길	子、丑、未、酉、戌 생은 송사 불길	
누구나 불길일		이사		결혼	결혼	이사	결혼 이사		

- 39 -

국제연합일			경찰의날						
24		23	22	21	20	19	18	17	양력
29		28	27	26	25	24	23	22	음력
월	상강 기유일 술시 19시 36분	일	토	금	목	수	화	월	요일
庚戌 경술		己酉 기유	戊申 무신	丁未 정미	丙午 병오	乙巳 을사	甲辰 갑진	癸卯 계묘	일진
(개)		(닭)	(원숭이)	(양)	(말)	(뱀)	(용)	(토끼)	지지 지상
堂당 災재 建건 男남		翁옹 災재 閉폐 孫손	第제 安안 開개 死사	竈조 利이 收수 女여	婦부 天천 成성 母모	廚주 害해 危위 婦부	夫부 殺살 破파 客객	姑고 富부 執집 父부	결혼주당 이사주당 십이신 안장주당
二黑 이흑		三碧 삼벽	四綠 사록	五黃 오황	六白 육백	七赤 칠적	八百 팔백	九紫 구자	구성
子、寅、卯、午、申、戌、亥 생은 기도、제사 개업 등 길		丑、辰、巳、午、未、申、亥 생은 출행、입주、입학등 길	子、丑、辰、午、未、申、戌 생은 약혼、입학、여행등 길	寅、卯、辰、巳、午、申、亥 생은 여행、개업、상담등 길	寅、辰、巳、未、申、酉、戌 생은 기도、제사、수리등 길	子、丑、卯、未、酉 생은 묘사、이장、상량 등 길。	子、午、未、申、酉 생은 제사、묘사 등 길。	丑、寅、卯、巳、未、戌、亥 생은 기도、제사、개업등 길	재수 있는 사람과 하면 좋은 일
丑、辰、巳、未、酉 생은 안장、이장、약혼 등 불길。		子、寅、卯、酉、戌 생은 동토、승선、수리 등 불길。	寅、卯、巳、酉、戌 생은 송사 불길、매사 주의。	子、丑、未、酉、戌 생은 송사 불길。	子、丑、午、亥 생은 이장 등 불길。	子、丑、卯、午、申、戌、亥 생은 매사 불길。	丑、寅、卯、辰、巳、午、申、戌、亥 생은 매사 불길。	子、辰、午、申、酉 생은 매사 불길。	재수 없는 사람과 하면 나쁜 일
		이사			결혼	이사	결혼 이사		누구나 불길일

- 40 -

年大月 / 임인 10월 신해

지방자치의날 (29), 교정의날 (28)

양력	25	26	27	28	29	30	31
음력	10/1	2	3	4	5	6	7
요일	화	수	목	금	토	일	월
일진	辛亥 신해	壬子 임자	癸丑 계축	甲寅 갑인	乙卯 을묘	丙辰 병진	丁巳 정사
지상 지형							
결혼주당	夫 부	姑 고	堂 당	翁 옹	第 제	竈 조	婦 부
이사주당	安 안	利 이	天 천	害 해	殺 살	富 부	師 사
십이신	除 제	滿 만	平 평	定 정	執 집	破 파	危 위
안장주당	父 부	男 남	孫 손	死 사	女 여	母 모	婦 부
구성	一白 일백	九紫 구자	八白 팔백	七赤 칠적	六白 육백	五黃 오황	四綠 사록

재수 있는 사람과 하면 좋은 일

- **25**: 丑、寅、卯、未、酉、戌생은 상량、개업、기도 등 길.
- **26**: 子、丑、寅、巳、申、戌生은 동토、입학、수리등 길
- **27**: 子、寅、巳、午、戌生은 구직、개업、안장 등 길.
- **28**: 子、丑、卯、巳、午、申、酉生은 기도、증축、묘사 등 길.
- **29**: 丑、寅、卯、巳、未、戌、亥生은 출행、입주、접종등 길
- **30**: 子、午、未、申、酉 生은 출행、접종、식목、약혼등길
- **31**: 묘사、입주、이장、약혼등길 子、丑、卯、未、申、酉生은

재수 없는 사람과 하면 나쁜 일

- **25**: 子、辰、巳、午、申、亥생은 운전주의、차사고 주의.
- **26**: 卯、午、未、酉、亥 生은 송사、개문 등 불길.
- **27**: 丑、卯、辰、未、申、酉、亥生은 모든 일이 불길.
- **28**: 寅、辰、午、未、戌、亥 生은 매사 불길
- **29**: 子、辰、午、申、酉 生은 동토、승선、이장 등 불길.
- **30**: 丑、寅、卯、辰、巳、午、戌、亥생은 안장 불길、연인 주의
- **31**: 寅、辰、巳、午、戌、亥생은 동토、이장、출행 등 불길.

	25	27	28	29	31
누구나 불길일	결혼	이사	이사		결혼

★ 재미로 보는 이달의 운세

☯ 음력 9월 9일은 중량절이라 하는데 맑은 날씨가 계속되면 추수에 지장이 없고, 상강일에 서리가 내리면 겨울 날씨는 따뜻하지만 다음해 농작물에 병충해가 많다. 9월생은 1월생과 결혼하면 불길하다.

9월생은 상업이 길하며 계산이 빠르고 관찰력이 뛰어나다.

- 41 -

학생독립운동기념일

임인년 11월 小

음력 10월 8일부터 11월 7일까지

양력	1	2	3	4	5	6	7
음력	8	9	10	11	12	13	14
요일	화	수	목	금	토	일	월
일진	戊午 무오	己未 기미	庚申 경신	辛酉 신유	壬戌 임술	癸亥 계해	甲子 갑자
결혼주당	廚 주	夫 부	姑 고	堂 당	翁 옹	第 제	竈 조
이사주당	災 재	安 안	利 이	天 천	害 해	殺 살	富 부
십이신	成 성	收 수	開 개	閉 폐	建 건	除 제	滿 만
안장주당	客 객	父 부	男 남	孫 손	死 사	女 여	母 모
구성	三碧 삼벽	二黑 이흑	一白 일백	九紫 구자	八白 팔백	七赤 칠적	六白 육백

재수 있는 사람과 하면 좋은일

戊午	己未	庚申	辛酉	壬戌	癸亥	甲子
寅、辰、巳、未、申、酉、戌生은 기도、제사、상량등길	寅、卯、辰、午、申、亥生은 약혼、여행、개업、이장등길	子、丑、辰、未、申、戌생은 매사 평길、학술발표 대길。	가옥수리、출행、입주등 길。	입주、혼담、약혼 등 길。	丑、寅、卯、巳、未、戌生은 기도、제사、개업등 길	子、丑、寅、辰、巳、申、戌生은 제사、출행、개업등 길

재수 없는 사람과 하면 나쁜일

戊午	己未	庚申	辛酉	壬戌	癸亥	甲子
子、丑、卯、午、亥생은 매사 불길	子、丑、巳、未、酉、戌生은 매사 불길	寅、卯、巳、午、酉、亥생은 매사 불길	子、寅、卯、申、酉、戌 생은 승선、이장 등 불길。	子、丑、辰、巳、未、酉、亥 생은 수리、신축 등 불길。	子、辰、午、申、酉 생은 가구 들이지 말것、매사불길	卯、午、未、酉、亥 생은 동토、승선 등 불길。

누구나 불길일	이 사	결 혼		이 사		결혼 이사	

입동 갑자일 술시 19시 45분

		농업인의 날		소방의 날					
16	15	14	13	12	11	10	9	8	양력
23	22	21	20	19	18	17	16	15	음력
수	화	월	일	토	금	목	수	화	요일
癸酉 계유	壬申 임신	辛未 신미	庚午 경오	己巳 기사	戊辰 무진	丁卯 정묘	丙寅 병인	乙丑 을축	일진
닭	원숭이	양	말	뱀	용	토끼	호랑이	소	지지상형
婦부 師사 閉폐 婦부	竈조 富부 開개 母모	第제 殺살 收수 女여	翁옹 害해 成성 死사	堂당 天천 危위 孫손	姑고 利이 破파 男남	夫부 安안 執집 父부	廚주 災재 定정 客객	婦부 師사 平평 婦부	결혼주당 이사주당 십이신 안장주당
六白 육백	七赤 칠적	八白 팔백	九紫 구자	一白 일백	二黑 이흑	三碧 삼벽	四綠 사록	五黃 오황	구성
丑、辰、巳、午、未、申、亥 생은 출행、입주、계약등 길	子、丑、辰、未、申、戌 생은 묘사、개업、구직 등 길。	寅、辰、巳、未、申、戌 생은 기도、제사、수리、상량등길	丑、寅、卯、未、酉、戌 생은 동토、수리、학술발표 등 길	子、丑、卯、未、酉 생은 묘사、입주、약혼 등 길。	子、午、未、申、酉 생은 출행、접종、약혼 등 길。	丑、寅、卯、巳、未、戌、亥 생은 기도、제사、개업 등길	子、丑、寅、卯、巳、申、酉 생은 입주、수리、상담등 길	子、丑、卯、未、酉 생은 개업、조선、도배 등 길。	재수 있는 사람과 하면 좋은 일
子、寅、卯、酉、戌 생은 동토、승선、상가집 불길。	寅、卯、巳、午、酉、亥생은 약혼、출행、개업 등 불길。	子、辰、巳、午、酉、亥생은 이장、수리 등 불길。	子、丑、卯、午、酉、亥생은 개업、개문、수리 등 불길。	子、辰、巳、午、戌 생은 동토、이장、출행 등 불길。	丑、寅、卯、巳、戌、亥 생은、연정 관계 주의。	子、辰、午、申、酉 생은 매사 불길、운전 주의。	辰、午、未、戌、亥 생은 부동산 계약、매사 불길、	寅、辰、巳、午、申、戌、亥 생은 출행、이장、개업 불길	재수 없는 사람과 하면 나쁜 일
결혼		이사	이사			결혼	이사	결혼	누구나 불길일

- 43 -

임인年 小月 11월 임자 / **순국선열의 날**

진 지	17	18	19	20	21	22		23	24
양력	17	18	19	20	21	22		23	24
음력	24	25	26	27	28	29		30	11/1
요일	목	금	토	일	월	화	**소설 기묘일 유시 17시 20분**	수	목
일진	甲戌 갑술	乙亥 을해	丙子 병자	丁丑 정축	戊寅 무인	己卯 기묘		庚辰 경진	辛巳 신사
지상	(개)	(돼지)	(돼지)	(소)	(호랑이)	(토끼)		(용)	(뱀)
결혼주당 / 이사주당 / 십이신 / 안장주당	廚주 災재 建건 客객	夫부 安안 建건 父부	姑고 利이 除제 男남	堂당 天천 滿만 孫손	翁옹 害해 平평 死사	第제 殺살 定정 女여		竈조 富부 執집 母모	婦부 天천 破파 母모
구성	五黃 오황	四綠 사록	三碧 삼벽	二黑 이흑	一白 일백	九紫 구자		八百 팔백	七赤 칠적
재수 있는 사람과 하면 좋은일	丑、寅、卯、未、酉、戌生은 이장、수리、학술발표 등 길	子、丑、寅、辰、巳、午、申、戌生은 출행、기천、기도 등 길	子、丑、寅、辰、巳、申、戌 生은 계약、동토、입학등 길	子、寅、卯、巳、申、酉生은 개업、입주、혼담 등 길	子、丑、卯、辰、午、戌生은 구직、개업、파토 등 길 。	丑、寅、卯、巳、未、戌、亥 生은 기도、제사、개업등 길		子、午、未、申、酉 生은 기도、제사、계약、입문등길	子、丑、卯、未、申、酉生은 개업、조선、매매 등 길 。
재수 없는 사람과 하면 나쁜일	子、辰、巳、午、申、酉、亥生은 이장、개업、개문 등 불길。	卯、巳、未、申、酉、亥生은 매사 불길。	卯、午、未、酉、亥 生은 송사、개문 등 불길。	丑、辰、午、未、戌、亥生은 매사 불길、취임식 대흉。	卯、巳、未、申、酉、亥生은 매사 불길 。	子、辰、午、申、酉生은 가구 들이지 말것、매사불길		丑、寅、卯、辰、巳、午、申、酉生은 출행、개업、이장 불길	寅、辰、巳、午、戌、亥生은 출행、이장、개업 등 불길。
누구나 불길일	이사	결혼			이사	이사			결혼

양력	25	26	27	28	29	30
음력	2	3	4	5	6	7
요일	금	토	일	월	화	수
일진	壬午 임오	癸未 계미	甲申 갑신	乙酉 을유	丙戌 병술	丁亥 정해
결혼주당	竈 조	第 제	翁 옹	堂 당	姑 고	夫 부
이사주당	利 이	安 안	災 재	師 사	富 부	殺 살
십이신	危 위	成 성	收 수	開 개	閉 폐	建 건
안장주당	女 여	死 사	孫 손	男 남	父 부	客 객
구성	六白 육백	五黃 오황	四綠 사록	三碧 삼벽	二黑 이흑	一白 일백
재수 있는 사람과 하면 좋은일	寅、辰、巳、未、申、戌생은 기도、제사、수리 등 길。	丑、寅、卯、未、酉、戌생은 기도、수리、학술발표 길。	子、丑、辰、未、申、戌생은 묘사、개업、구직 등 길。	丑、辰、巳、午、未、亥생은 출행、입주、계약등 길	子、寅、卯、午、未、申、戌、亥생은 개점、수리、증축등 길	丑、寅、卯、午、未、申、亥생은 입주、입학、수리 등길
재수 없는 사람과 하면 나쁜일	子、丑、卯、午、酉、亥생은 이장、약혼 등 불길。	子、辰、巳、午、申、亥생은 수리、개업、개문 등 불길。	寅、卯、巳、午、酉、亥생은 약혼、출행、개업 등 불길。	子、寅、卯、酉、戌생은 동토、승선、상가집 주의。	丑、辰、巳、未、酉、戌생은 출행、개업、안장 등 불길。	子、辰、巳、酉、戌、생은 재배 불길、투자 주의。
누구나 불길일			이사			결이 혼사

★재미로 보는 이달의 운세

☯음력 十월 입동일에 일진이 임자일이면 병사자가 많으나 바람이 없으면 길하다。十월 十五일이 맑으면 겨울 날씨가 좋다。十월 출생자로서 2일、6일、15일、27일 생은 인덕이 없으니 의지하는 마음을 버려야 한다。기술직을 택하면 한평생 근심이 없으리라。

☯가상은 왜 보는 것이 좋은가? 집 좌향이 나쁘면 손해를 보게 되는데、자기의 운이 맞는 좌향이 있는 것이니、자기의 나쁜 운이 오는 방향을 항상 내다 보는 집 좌향이 된다면 그 집에서 덕을 볼수 없으며 손해만 보게 되므로 좌향을 보고 집을 짓는 것이 좋으리라。

임인년 12월 大

음력 11월 8일부터 12월 9일까지

양력	1	2	3 (소비자의날)	4	5 (무역의날)	6	7
음력	8	9	10	11	12	13	14
요일	목	금	토	일	월	화	수
일진	戊子 무자	己丑 기축	庚寅 경인	辛卯 신묘	壬辰 임진	癸巳 계사	甲午 갑오
지지형상							
결혼주당	廚 주	婦 부	竈 조	第 제	翁 옹	堂 당	姑 고
이사주당	害 해	天 천	利 이	安 안	災 재	師 사	富 부
십이신	除 제	滿 만	平 평	定 정	執 집	破 파	危 위
안장주당	婦 부	母 모	女 여	死 사	孫 손	男 남	父 부
구성	九紫 구자	八百 팔백	七赤 칠적	六白 육백	五黃 오황	四綠 사록	三碧 삼벽
재수 있는 사람과 하면 좋은일	子、丑、寅、辰、巳、申、戌 생은 동토、입학、수리등 길	子、丑、寅、卯、巳、申、酉 생은 제사、가옥 수리 등 길	子、丑、寅、午、未、戌 생은 안장、출행、산신기도 등 길	丑、寅、卯、巳、未、戌、亥 생은 기도、개업、접종등 길	子、午、未、申、酉 생은 제사、입학、여행、개업등길	子、午、未、申、酉 생은 기도、제사、계약 등 길。	子、丑、卯、未、酉、생은 기도、개업、가옥수리 등 길
재수 없는 사람과 하면 나뿐일	卯、午、未、酉、亥 생은 송사、개문、기도 등 불길。	辰、午、未、戌、亥 생은 상가에 가지말것、매사불길	卯、辰、巳、申、酉、亥생은 안장 불길、돈거래 주의。	子、辰、午、申、酉 생은 가구 들이지 말것、매사불길	丑、寅、卯、辰、巳、戌、亥 생은 송사불길、재수도 불길	丑、寅、卯、辰、巳、戌、亥 생은 출행、개업、이장 불길	寅、辰、巳、午、申、戌、亥 생은 모든 일이 불길하다。
누구나 불길일	이사	결혼			이 사		

대설 갑오일 오시 12시 46분

16	15	14	13	12	11	10	9	8	양력
23	22	21	20	19	18	17	16	15	음력
금	목	수	화	월	일	토	금	목	요일
癸卯 계묘	壬寅 임인	辛丑 신축	庚子 경자	己亥 기해	戊戌 무술	丁酉 정유	丙申 병신	乙未 을미	일진
🐰	🐯	🐂	🐷	🐷	🐶	🐓	🐒	🐑	지상
夫부	姑고	堂당	翁옹	第제	竈조	婦부	廚주	夫부	결혼주당
殺살	富부	師사	災재	安안	利이	天천	害해	殺살	이사주당
平평	滿만	除제	建건	建건	閉폐	開개	收수	成성	십이신
客객	父부	男남	孫손	死사	女여	母모	婦부	客객	안장주당
三碧 삼벽	四綠 사록	五黃 오황	六白 육백	七赤 칠적	八白 팔백	九紫 구자	一白 일백	二黑 이흑	구성
丑、寅、卯、巳、未、戌、亥 생은 기도、제사、개업등 길	子、丑、寅、辰、午、戌生은 개업、금전상담、개문 등 길	子、丑、卯、未、酉 생은 개업、조선、도배 등 길。	子、丑、寅、辰、午、戌 생은 동토、입학、수리등 길	子、丑、寅、辰、巳、申 생은 묘사、수리、개업등 길	丑、寅、卯、午、未、酉、戌 생은 기도、제사、개업 등 길	子、寅、卯、午、申、戌、亥 생은 출행、입주、입학등 길	丑、辰、巳、午、未、申、亥 매사 평길、학술발표 대길。	寅、卯、辰、巳、午、申、戌生은 여행、개업、상담등 길	재수 있는 사람과 하면 좋은 일
子、辰、午、申、酉 생은 매사 불길	卯、巳、未、申、酉、亥생은 매사 불길	寅、辰、巳、午、申、戌 생은 출행、개업 등 불길。	卯、午、未、酉、亥 생은 송사、개문 등 불길。	子、辰、巳、申、亥 생은 안장、출행、약혼 등 불길。	丑、辰、巳、未、酉 생은 안장、이장、약혼 등 불길。	子、寅、卯、酉、戌 생은 동토、승선、이장 등 불길。	寅、卯、巳、午、酉、亥생은 매사 불길。	子、丑、未、酉、戌 생은 송사 불길。	재수 없는 사람과 하면 나쁜 일
결혼 이사			이사	결혼		결혼	이사	결혼 이사	누구나 불길일

- 47 -

임인(壬寅) 12월 계축(癸丑) 年 大月

구분	17	18	19	20	21	22	동지	23	24
양력	17	18	19	20	21	22		23	24
음력	24	25	26	27	28	29		12/1	2
요일	토	일	월	화	수	목		금	토
일진	甲辰(갑진)	乙巳(을사)	丙午(병오)	丁未(정미)	戊申(무신)	己酉(기유)		庚戌(경술)	辛亥(신해)
지지형상	용	뱀	말	양	원숭이	닭		개	돼지
결혼주당	廚주	婦부	竈조	第제	翁옹	堂당		夫부	姑고
이사주당	害해	天천	利이	安안	災재	師사		安안	利이
십이신	定정	執집	破파	危위	成성	收수		開개	閉폐
안장주당	婦부	母모	女여	死사	孫손	男남		父부	男남
구성	二黑(이흑)	一白(일백)	九紫(구자)	八百(팔백)	七赤(칠적)	六白(육백)		五黃(오황)	四綠(사록)

동지 기유일 묘시 6시 48분

재수 있는 사람과 하면 좋은 일

- 17 (甲辰): 子、午、未、申、酉 생은 출행、접종、약혼 등 길。
- 18 (乙巳): 子、丑、卯、未、酉、戌생은 입주、약혼 등 길。
- 19 (丙午): 丑、寅、卯、未、酉、戌생은 수리、학술발표 등 길
- 20 (丁未): 寅、卯、辰、巳、午、未、申 생은 출행、입주、이장등 길
- 21 (戊申): 子、丑、辰、巳、午、未、申 생은 여행、동토、계약 길。
- 22 (己酉): 丑、辰、巳、午、未、申、亥 생은 출행、분묘、개업등 길
- 23 (庚戌): 子、寅、卯、午、申、戌、亥 생은 묘사、안택、기도등 길
- 24 (辛亥): 子、丑、寅、卯、未 생은 이장 등 길

재수 없는 사람과 하면 나쁜 일

- 17 (甲辰): 丑、寅、卯、辰、巳、戌、亥생은、연정 관계 주의。
- 18 (乙巳): 寅、辰、巳、午、戌、亥생은 동토、이장、출행 등 불길。
- 19 (丙午): 子、辰、巳、午、申、亥생은 개업、개문、수리 등 불길。
- 20 (丁未): 子、丑、酉、戌、亥 생은 동토、승선 등 불길。
- 21 (戊申): 寅、卯、酉、戌、亥 생은 송사、신축、도적수 등 불길
- 22 (己酉): 子、寅、卯、酉、戌 생은 안장、원행 등 불길。
- 23 (庚戌): 丑、辰、巳、未、酉 생은 매사 불길
- 24 (辛亥): 辰、巳、午、申、酉、戌、亥 생은 매사 불길。

구분	17	18	19	20	21	22	동지	23	24
누구나 불길일	이사	결혼			이사			결혼	결혼

원자력 안전 및 진흥의날 (27) **기독 탄신일** (25)

양력	31	30	29	28	27	26	25
음력	9	8	7	6	5	4	3
요일	토	금	목	수	화	월	일
일진	戊午 무오	丁巳 정사	丙辰 병진	乙卯 을묘	甲寅 갑인	癸丑 계축	壬子 임자
지지상	(말)	(뱀)	(용)	(토끼)	(호랑이)	(소)	(쥐)
결혼주당	夫 부	廚 주	婦 부	竈 조	第 제	翁 옹	堂 당
이사주당	安 안	災 재	師 사	富 부	殺 살	害 해	天 천
십이신	破 파	執 집	定 정	平 평	滿 만	除 제	建 건
안장주당	父 부	客 객	婦 부	母 모	女 여	死 사	孫 손
구성	六白 육백	七赤 칠적	八白 팔백	九紫 구자	一白 일백	二黑 이흑	三碧 삼벽
재수 있는 사람과 하면 좋은일	寅、辰、巳、未、申、酉、戌 생은 묘사、이장 등 길。	子、丑、卯、未、酉 생은 묘사、이장、증축 등 길。	子、午、未、申、酉 생은 기도、제사、계약、입문 길	丑、寅、卯、巳、未、戌、亥 생은 기도、제사、개업등 길	子、丑、寅、辰、午、戌、亥 생은 여행、계약 등 길。	子、丑、寅、辰、未、酉 생은 개업、조선、도배 등 길。	子、丑、寅、辰、巳、申、戌 생은 동토、입학、수리등 길
재수 없는 사람과 하면 나쁜일	子、丑、卯、午、亥、생은 개문、개업 등 불길。	寅、辰、巳、午、申、戌、亥 생은 출행、개업、이장 불길	丑、寅、卯、辰、巳、戌、亥 생은 출행、개업、이장 불길	子、辰、午、申、酉 생은 매사 불길、운전 주의。	卯、巳、未、申、酉 생은 개문、개업、약혼 등 불길。	寅、辰、巳、午、申、戌、亥 생은 출행、이장、개업 불길	卯、午、未、酉、亥 생은 송사、개문 등 불길。
누구나 불길일	결혼	이사	결혼		이사	이사	

★ 재미로 보는 이달의 운세

☯ 음력 十一월은 초 一일이 맑으면 겨울이 평탄하고、동지일이 맑으면 명년이 대풍이 된다。

十一월 출생자는 十一월중에 여행은 불길하며、十一월생은 八월생과 혼인하면 불길하다。

十一월생은 머리가 영특하니 학문으로 성공하고 직업은 교직이 좋다。

☯ 자년생 (쥐띠) 임인년 매월운세

총 운 = 하는 일을 변동하지 말라. 잘 모르는 일에 손을 되면 반드시 실패하리라.

1월	매일 같이 열심히 노력은 하지만 그날이 그날이니 매일 그 타령이다. 욕심내지 말고 꾸준히 노력하라.
2월	눈은 밝은데 앞을 내다보면 캄캄하기만 하도다. 믿고 하는 일에 실패가 있을 운이니 매사에 조심하라.
3월	꽃이 피어 만발하니 늦은 봄이 된 것과 같다. 새로운 기회와 운이 오고 있음을 알고 열심히 임하라.
4월	걸어가는 앞길이 훤하게 보이니 노력 여하에 따라 빨리 갈수도 늦게 뒤떨어 질수도 있으니 노력에 성공이 따르리라.
5월	사람을 기다려서 같이 행하고자 하지만 그 사람 역시 못 믿을 사람이니 남에게 의지하는 마음은 버려라.
6월	동,서,남,북에 다 뜻이 있고 귀인이 있으니 열심히 노력하여 성공하는 일만 남았구나. 소송은 불길.
7월	빛을 동반한 시원한 바람이 불어오니 운세가 좋은 징조이다. 슬기롭게 기회를 놓치지 않는 자는 성공하리라.
8월	착한 마음을 가진 자는 큰 성공이 있을 것이지만 악한 마음을 가진 사람은 실패와 근심이 있을 것이다.
9월	욕심 내고 크게 일을 벌이면 크게 실패하여 후회하게 되는 운세이다. 욕심을 버리고 슬기롭게 대처하라.
10월	친한 사람을 믿었다가 후회를 하게 되는 운세이니 사람 사귀기를 냉정히 하고 친한 벗이라도 조심히 일을 행하라.
11월	하고자 하는 일들이 순탄하게 되지 않고 매사 그 자리에 머무를 수 있으나 꾸준히 조심하면 성공도 가능하다.
12월	동서남북에 도적이 지키고 있으니 사면초가이다. 모든 것을 버리고 쉬는 마음으로 매사에 임하라.

☯ 축년생 (소띠) 임인년 매월운세

총 운 = 금년 운은 관청 일만 주의하면 특별한 일이 없이 지낼 수 있으리라.

1월	사람의 운명은 누구나 다 때가 있는 법이니 때를 모르고 천방지축 날뛰면 실패하는 것은 시간 문제이다.
2월	꽃이 만발한 가운데 태풍과 비가 쏟아지는 형국이니 꽃이 떨어지는 것은 실패의 운이니 매사 조심하라.
3월	많은 노력도 하였고 많은 공도 세웠지만 끝내는 결실이 입맛을 씁쓸하게 되니 부처님도 무심하구나.
4월	재수도 있고 수단도 있으니 능력을 모두 발휘하면 성공은 쉬울 것이나 게으름을 피우는 자 실패도 쉬우리라.
5월	수단도 좋고 어떤 일에도 임기응변을 잘하는 특수한 재주를 지닌 사람이므로 모든 일을 쉽게 이겨내리라.
6월	재물도 얻고 명예도 발전되는 운이지만 태평한 마음으로 쉽게 대처하면 십중팔구 망하니 주의하라.
7월	용맹성과 용단성을 가지고 일을 하면 큰 일을 무사히 이겨 나가고 하는 일이 순탄하게 성공되는 운이다.
8월	재수도 있고 많은 사람들에게 존경을 받으니 더 이상 무엇을 탐하고 욕심을 부리겠는가. 여행 주의
9월	밖의 일에 주의하고 외출을 조심하면 사기 당하는 일도 쉽게 해결 되어 손해 보는 일이 없으리라.
10월	귀인이 도와 주어 어려운 일도 쉽게 해결 되고 하는 일에도 재수가 있으니 느긋하게 일을 행하라.
11월	건강이 불길하지만 마음을 즐겁게 가지면 큰 악병은 물러가고 즐거움만 남게 되니 마음을 넓게 가져라.
12월	집안에 우환이 생겨 상복을 입을까 두려우니 빠른 속도로 병자의 치유를 위한 모든 노력을 하라.

🐯 인년생 (호랑이띠) 임인년 매월 운세

총 운 = 집에 있으면 범과 범이 다투는 격이니 집을 떠났다 오는 것이 좋다.

1월	하는 일에 노력의 댓가와 수입이 없으니 운세가 좋은 것은 아니다. 매사에 침착과 조심을 명심하도록 하라.
2월	운세가 좋은 편이므로 매사에 좋은 결과가 올 수 있다는 뜻이므로 꾸준한 노력과 계획이면 성공하리라.
3월	하고자 하는 일들이 성공되고 할 수도 있으니 모든 일에 겁내지 말고 열심히 하면 성공하는 길한 운세이다.
4월	산천에 산신이 있고 가정에 조왕신(부엌신,불의신)이 있는 법이니 산신기도와 조왕신께 기도로서 소원을 이룰수 있으니 기도 덕을 보도록 하라.
5월	즐거운 일이 연속 발생하니 마음부터 비우고 허욕을 내지 말고 꾸준하게 하는 자는 성공을 크게 할 수 있다.
6월	어려운 환경이 찾아 왔으니 경거망동하지 말고 꾸준히 노력한다면 성공하는 것은 시간 문제이다.
7월	봄바람이 집을 에워 싸고 훈훈한 기운을 드리우니 집안 식구들이 어찌 마음이 든든하지 않겠는가.
8월	구름도 맑고 날씨도 화창하니 아지랑이가 나부껴 삼라만상이 즐거우니 사람의 마음 또한 기쁘도다.
9월	하는 일들이 꽃이 되고 열매를 맺는 격이니 승패를 알수 있으나 마음에 병은 달래기 어렵도다.
10월	앞에는 산이 가로 막혔고 뒤에는 바다가 가로 막은 격이니 진퇴양난이나 인내하는 자는 무탈하리라.
11월	예 것을 지키고 조용히 하는 일에 열심히 하는 사람은 어떤 악한 운명도 침범할 틈이 없는 것이다.
12월	물은 흐르는데 고기가 없도다. 일을 진행함이 공허하다. 하는 일에 피해를 주니 조심해야 함을 잊지 말라.

🐰 묘년생 (토끼띠) 임인년 매월운세

총 운 = 운세가 좋은 편이나 사주내에 백호살만 없다면 좋은 운이다.

1월	즐거운 마음이 생기고 즐거운 일이 발생하니 사는 것이 행복이요 사는 것이 마냥 즐겁기만 한 운세이다.
2월	뜻하지 않고 생각지도 않던 일이 발생하여 광풍이 스쳐가는 운이므로 매사에 조심 조심 해야 함을 명심하라.
3월	마음은 천리 타향에 있고 몸은 집안에 있으니 속은 답답하고 되는 일도 순탄하지 못하는 운세이다.
4월	망망한 바다를 노를 저어 항해하는 운이니 시원하지만, 추진하는 일은 늦으며 마음대로 되지 않으니 조급함만 생긴다.
5월	노력은 태산 같이 쌓이도록 하였지만 들어오는 수입은 무너진 돌담과 같으니 수습하는데 신경을 쓰라.
6월	수입은 적고 지출은 많으니 재미는 없는 듯 하지만 다음의 운세를 위해서 즐겁게 살아가는 것이 삶의 지혜이다.
7월	이기적이 되어서 하는 일이 불리하지만, 안정된 처세로 일을 처리하면 즐겁고 또 즐거운 일만 생기리라.
8월	재수도 좋고 길한 일도 많이 생기는 운세이니 매사에 마음부터 즐겁게 가지고 일을 하면 성공하리라.
9월	옛것을 지키고 심중을 굳건히 하는 자는 재수 있어 금전이 들어 올 것이며 경거 망동 한다면 재물에 실패가 생기리라.
10월	말이 생겨 말이 많아 두려움도 생기지만 심중을 굳건히 하면 하늘이 무너져도 솟아날 구멍이 생기는 법이다.
11월	모든 일들이 풍전등화와 같으니 미리 준비해 미리 예방하는 자만이 슬기로운 사람이라 하겠다.
12월	노력도 하고, 꾀도 써보고, 남에게 나쁜 처세도 하여 보건만 되는 일이 없으니 어찌하면 좋겠는가 ? 일보 후퇴의 시기이다.

☯ 진년생 (용띠) 임인년 매월 운세

총 운 = 금년운은 재난의 운도 있겠으나 특별히 관재구설과 송사에 주의하라.

1월	옛것을 지키고 새것을 배격하라. 그렇지 않으면 임시는 기분이 좋겠으나 후회하게 되고 탄식하게 되는 일이 생긴다.
2월	가족중에 병자나 또는 건강에 불상사가 발생하여 슬픔을 삼키게 될 염려가 있으니 우환에 각별히 조심하라.
3월	하는 일을 무시하고 새로운 일을 선택하다가는 옛것도 새것도 모두 잃게 되니 조심하라.
4월	하는 일들에 변화가 심하게 생기니 한가지라도 꾸준하게 마음먹은 대로 흔들림 없이 하도록 하라.
5월	재산 실패 수 있을 운이다. 갑작스럽게 닥쳐오는 물결과 같은 것으로 손 쓸 시간이 없다. 미리 주의하고 예방하라.
6월	재수 운세가 반은 길하고 반은 나쁘다. 그러나 마음이 안정되고 정직한 자는 모든 일이 좋게 된다.
7월	하는 일들이 순조롭게 해결 될 운이니 마음을 너그럽게 먹고 거북이 걸음처럼 인내하며 노력하라.
8월	마음이 부자인 자는 사는 것이 행복이나, 손재로 마음이 가난하여 탄식하는구나. 여행을 떠나는 것도 방법이리라.
9월	모든 풍파가 지나가고 새로운 즐거움이 찾아오지만 넉넉하던 마음은 좁아져서 탄식을 하는구나.
10월	광명이 유유하게 비추어 오니 눈도 맑고 화려한 것 까지 잘 보이는 구나. 때를 잘 잡으라.
11월	배를 타고 원행을 하지 말라. 물속에 있는 용왕님이 면회를 요청할까 두렵도다. 여행을 주의하라.
12월	자기의 마음만 믿고 자신만만하게 일을 처리하다가 급속히 패망하고 후회하게 되니 조심하라.

☯ 사년생 (뱀띠) 임인년 매월운세

총 운 = 사년생의 운세는 하는 일에 욕심을 버리고 조용하게 지내면 길한 운이다.

1월	운세가 불길하니 너무 자신감을 이용하지 말라. 인생은 그 아무리 노력하고 열심히 해도 운부터 좋아야 한다.
2월	재산을 가지고 욕심을 내지 말고 돈을 남에게 빌려주지도 말라. 주고나면 없어지고 오래도록 들어오지 않는다.
3월	운세가 좋고 청명하나 노력 여하에 따라 성패가 결정된다. 아무 걱정 말고 열심히만 한다면 성공하리라.
4월	나 자신만 믿고 나 혼자서 일을 하면 탈도 많고 근심도 많을 것이니 같이 봉사하듯 일을 하면 큰 해가 없을 것이다.
5월	씨앗을 뿌리기는 하였으나 그 씨앗을 돌보지 않아 썩으니 어찌 수확이 있으리오 타인을 돌보듯이 일을 하면 좋으리라.
6월	마음이 공중에 떠 있어 타향으로 나가게 되니 모쪼록 상대를 항상 경계하고 내 실속을 찾도록 하라.
7월	7일을 전후하여 사람의 접근이 있으리라. 그 사람은 좋은 사람으로 귀인이니 절실하게 일을 하여도 좋으리라.
8월	앞으로 이름이 나는 일이 있으니 기회를 놓치지 말고 기회를 잡아라. 노력을 게을리 하지 않아야 한다.
9월	기운이 강한 운세이니 매사에 신중하게 하라. 사람 사귀기를 무섭게 하면 그 일은 성사되리라.
10월	이 달 운세는 하는 일에 재수가 있어서 재산이 저축 되지만 매사에 조심하지 않으면 낭패를 보리라.
11월	일을 할 때는 잘되는 것 같은데 쉴 때는 적자를 보았으니 계산을 잘못한 탓도 있으니 수지 타산을 신중히 생각하라
12월	재수는 특별히 나쁘지도 않은데 고민은 웬 말인가. 믿고 한 일이지만 허탈하게 실패하니 주의하라.

☯ 오년생 (말띠) 임인년 매월 운세

총 운 = 미성년자는 혼인하는 운이고 기혼자는 연정 관계가 발생하는 달이다.

1월	순탄하게 일이 풀릴 운세이므로 계획을 철저히 세워 매사를 신중하게 하라. 돌다리도 두드려 보고 건너는 심정으로 임하라.
2월	동서남북 어디를 가더라도 거리낌 없이 마음 먹은 일들이 해결되는 운이다. 신중하게 시작하라 시작하면 좋은 운세이다.
3월	하늘이 맑은 것과 같이 마음이 맑아서 하는 일이 순조롭게 잘 되므로 마음에 근심이 없는 좋은 운세의 달이다.
4월	하는 일이 처음에는 잘 되다가 서서히 일이 꼬여가니 어쩐 일인가? 생각만 너무 하니 머리만 아플 운이로구나.
5월	높은 산에서 하늘을 내려다 보면 훤하게 보이는 것처럼 마음은 상쾌하지만 내려갈 길을 생각하니 걱정이 느는구나. 마음의 여유가 필요한 달이다.
6월	고기가 변하여 용이 되어 은덕을 얻었으니 마음도 크게 변하고 하는 일도 크게 발전되는 길한 운세이다.
7월	용기 있고 아는 것도 많은데 이 달의 문제는 자신감도 없고 마음도 약해지니 조심해야 하는 운세이다.
8월	나무 가지는 하나인데 줄기가 많아 잎이 너무 무성하니 외롭고 무겁도다. 지나친 과욕은 실패의 주범이 되리라.
9월	욕심이 없던 사람이 갑자기 욕심이 나는 이유는 무엇인가. 실패 운세가 되므로 조심하라.
10월	동서남북에 재물이 쌓이고 있으니 집에 가만히 있지 말고 출행하여 재물을 얻어야 한다. 장거리 여행은 주의하라.
11월	꾀하는 일이 잘 되지 않고 미적미적하니 처음부터 미리 알고 만반의 준비를 하여 두는 것이 좋으리라.
12월	한 가지는 기쁜데 또 한 가지엔 슬픔이 있으니 항상 처세에 신경을 써야 할 것이다.

☯ 미년생 (양띠) 임인년 매월운세

총 운 = 동쪽 바람을 기다리는데 서쪽 바람이 부니 하는 일에 많은 힘이 들 운세

1월	하는 일이 모두 어렵고 힘들게 되니 마음을 굳건히 가지고 다시 계획성 있게 처리한다면 적자를 다소 면하리라.
2월	오복이 와서 나가는 복은 없는 것 같은데 건강이 조금 뒤떨어지니 몸에 이상이 있으면 반드시 병원으로 가라.
3월	봄철을 맞이하니 삼라만상에 새싹이 트이면서 나를 반기도다. 매사에 덕과 행운이 오리라.
4월	급히 흐르는 물은 급히 떠나가듯이 빨리 시작한 일은 빨리 끝내어지는 것이니 신중을 기하라.
5월	태평한 마음으로 일을 행하나 그 일은 순탄하리라. 그러나 남을 너무 믿는 자는 큰 코 다칠 수 있으니 주의하라.
6월	다섯 창고에 책이 가득하나 한권의 책도 내용을 모르니 그 책이 많은들 무슨 소용이 있으리. 연구하도록 하라.
7월	화기가 가득하니 더운 바람이 온몸을 쓸고 가도다. 무더운 날씨에 바람은 당연하지만 답답하구나.
8월	가을비가 오는데 봄바람이 부는구나. 봄바람이 분다고 봄은 아니니 매사에 뒤틀릴 수밖에 없다.
9월	재수 있어서 하는 일이 순탄하나 너무 지나친 욕심은 경사가 급한 언덕을 오르는 것보다 힘이 들리라.
10월	고집을 부리지 말고 남의 말을 귀 담아 들어 준다면 큰 실패 없이 성공하여 웃는 인상을 갖게 되리라.
11월	바람은 맑고 포근한데 마음을 독사처럼 쓰니 어찌 하는 일들이 순탄하게 이루어질 수 있겠는가.
12월	인내하는 자는 성공 할 것이고 조급한 자는 실패하는 것이니 신중을 기하여 인내로써 극복하라.

☯ 신년생 (원숭이띠) 임인년 매월 운세

총 운 = 친한 사람이라고 믿고 한 일이 잘못 되어 관재까지 오니 주의하라.

1월	다른 사람과 같이 동업은 하지 말라. 믿는 도끼에 발등 찍히는 격이니 상대를 경솔히 보지 말라.
2월	정은 적당하게 주고 받아야 서로 믿음도 있게 되고 오래 간다. 그러므로 지나친 정은 도리어 원망을 살수도 있다.
3월	좋은 운세가 집안에 다 달아 집안도 화목하고 윤택하기도 하지만 미련스런 고집으로 실패할 수 있다.
4월	길한 운세도 오고 나쁜 운세도 오므로 한번 실패하면 다시 성공할 운세도 오므로 정신을 가다듬어 노력하라.
5월	여기 저기 다녀 보아도 길에 떨어진 재물은 없으니 집안에 또는 직장에서 꾸준히 맡은 일이나 열심히 하라.
6월	여름 따가운 햇살이 나를 비추니 몸은 덥고 숨은 가쁘도다. 힘겨운 일을 하는 자는 실패하니 이를 어찌 할 고.
7월	지금하고 있는 일이 천직처럼 느껴지지 않더라도 다른 일을 시도해 보는 것은 실패 수이다. 계획만 준비하라.
8월	하는 일이 능통하여 순조롭게 잘 되니 어찌 다른 근심이 있겠는가. 그러나 매사에 조심하라.
9월	별빛이 반짝이듯이 당신이 하는 일도 빛이 날 것이니 모든 일에 자신감을 가지고 처세하라.
10월	모든 일이 순탄하게 불어오는 바람과 같이 순조롭게 잘 풀리지만 강압적인 일 처리는 주의하라.
11월	작은 일은 성공하지만 큰일은 힘들 것이니 지나친 욕심과 무리한 일은 하지 않는 것이 좋으리라.
12월	집안에 경사가 있고 하는 일이 성공을 하니 어찌 기쁘지 않겠는가. 그래도 실속을 항상 차리도록 하라.

☯ 유년생 (닭띠) 임인년 매월운세

총 운 = 금년 운은 시비와 관재 구설이 있을 운이니 매사에 조심하면 무사하리라.

1월	광명은 빛이 나는 것이지만 아직 때가 되지 않아 모든 일이 순탄하지 못하니 조심하는 것이 상책이다.
2월	바람이 불어 나뭇잎을 흔드는 것처럼 하는 일이 모두 흔들리니 인내하여 조심하고 남에게 속는 것도 매사에 조심하라.
3월	먼 곳으로 출행하지 말라. 원행하여 오는 손해와 건강의 불길함을 막을 수 없으니 가만히 그대로 있으면 화를 면하리라.
4월	마음이 심란하여 어떻게 결정을 내릴지 막막할 것이다. 그러나 마음을 인내하면 모든 일이 서서히 좋게 풀리게 될 것이다.
5월	여러 가지 일을 하다 보면 좋은 일과 나쁜 일이 있는 것이고 어차피 시작하여 성공하려면 한 가지만 하도록 하라.
6월	들어오는 수입에 비해 나가는 지출이 더 많을 운이니 지나친 욕심을 내지 말고 순리적으로 지출 축소에 몰두하라.
7월	하늘에서 돈 벼락이 떨어지듯이 귀하의 몸에 수입이 가득하게 되는 운이니 꾸준히 노력하도록 하라.
8월	마음은 즐겁고 하는 일도 좋은 운이지만 경거망동하여 빚어지는 운수는 막을 수가 없으므로 미리 조심하라.
9월	여러 사람과 같이 동업하는 일는 하지 말라. 하면 손해 있고 언쟁 있으며 친구까지 잃게 된다.
10월	힘이 솟구쳐서 산천초목도 허물 수 있을 정도의 용기백배 하지만 항우 장사가 힘이 없어 죽지는 않았다.
11월	매사에 인내하고 연구하면서 일을 처리하라. 그렇지 않으면 동요되어 하는 일도 실패한다.
12월	사랑하는 마음을 잊지 말라. 그러한 생각이 귀하에게 재물이 생기게 하고 승진하게 되는 원동력이 된다.

- 54 -

☺ 술년생 (개띠) 임인년 매월 운세

총 운 = 금년은 재수가 있어서 재물을 저축하는 운이니 열심히 노력해 보라.

1월	내가 하고 있는 일이 순조롭게 되는 운이니 계획성 있게 일을 밀고 나간다면 반드시 성공하리라.
2월	하고자 하는 일들이 순조롭게 잘 되는 운이므로 너문 허욕을 내지 말고 꾸준한 마음으로 일을 하면 성공하리라.
3월	하늘에서 내린 복인데 어리로 가겠는가. 조급하게 일을 처리하지 말고 심사숙고 한다면 실패는 없으리라.
4월	비록 계획을 잘 짰다고는 하지만 운세가 미약하여 하는 일이 순조롭지 않을 수 있으니 미리 나중을 준비하는 선견지명이 필요하리라.
5월	파란이 오는 운세이지만 미리 방편을 두고 준비를 하여 일을 하게 된다면 큰 손해 없이 성공도 될 수 있는 운세이다.
6월	옛것을 지키고 조용하게 지내는 식으로 지내면 무사하지만 새로운 것을 취하면 실패를 면하기 어렵다.
7월	매사가 좋게 해결되어 경사가 겹치는 운세지만 개 타고 말을 팔려는 허황된 처세로 실패하게 된다.
8월	비로소 소원을 이룰 수 있는 운세이다. 그러나 너무 먼 곳을 바라보는 일은 실패하게 될 수 있다.
9월	집에 가만히 있지 말고 밖에 나가서 일을 도모하게 되면 성공도 하고 많은 이득도 보게 될 것이다.
10월	재난이 일어나서 큰 손해를 볼 염려가 있으니 근신하고 인내하여 어려움을 극복하여야 한다.
11월	하는 일들이 순탄하지 않을 것이니 하는 일을 확장 하지 말고 지키는 정도로서 일 처리를 하라.
12월	작은 일도 큰일 같이 심각하게 처리하면 실패가 없을 것이나 무시하는 자는 실패한다.

☺ 해년생 (돼지띠) 임인년 매월 운세

총 운 = 재물이 두배로 들어오는 운이지만 지나친 허욕은 실패를 부르리라.

1월	산속에서만 살다가 산속을 떠나 넓은 광야로 출범한 범의 형상이니 마음이 불안하도다.
2월	욕심을 부리지 말고 꾸준한 마음으로 꾸준히 노력하면 횡재수도 생기는 좋은 운세이다.
3월	앞으로 걸어가는 길에 광명이 비추니 앞을 보고 가기만 하면 하고자 하는 일이 성공 된다.
4월	향기가 몸에서 솟아 나오니 좋은 사람이 뒤를 따르리라. 많은 사람은 큰 부담이 되는 것이니 골라서 일을 진행하라.
5월	하고자 하는 일이 순조롭게 잘 되어 꽃이 활짝 피는 운세이니 침착하게 처세하면 성공을 기약하리라.
6월	곤란한 환경이 오는 것 같으나 일시적이므로 꾸준히 노력하면 큰 패함이 없이 순탄할 운이 되리라.
7월	마음은 소심한데 일이 크게 생기니 혼자 감당하기 어렵도다. 침착과 인내로 행하면 큰 재난은 피하리라. 시간이 해결하리라.
8월	항해 준비가 잘 된 배가 순탄하게 먼 항해를 가는 것이지만 교만이 지나치면 큰 손해를 보리라.
9월	외로우면서 많은 구설을 들어 마음에 불안감이 떨어지지 않는구나. 침착하면 매사 편해지리라.
10월	재수가 나쁜 것도 아니고 좋은 것도 아니지만 노력과 인내를 얼마나 하는가가 결정하리라.
11월	만리성이라도 문안에서 총을 겨누고 있으니 그 누구가 들어오겠는가. 마음을 굳건히 가지면 만사 형통하리라.
12월	소인배의 마음을 가지면 소인배가 되고 대인의 마음을 가지면 대인이 되니 마음가짐을 바르게 하라.

◎ 男女 宮合法 (남여 궁합법)

六甲					
甲寅 乙卯 大溪水 (대계수)	甲辰 乙巳 覆燈火 (복등화)	甲午 乙未 沙中金 (사중금)	甲申 乙酉 泉中水 (천중수)	甲戌 乙亥 山頭火 (산두화)	甲子 乙丑 海中金 (해중금)
丙辰 丁巳 沙中土 (사중토)	丙午 丁未 天河水 (천하수)	丙申 丁酉 山下火 (산하화)	丙戌 丁亥 屋上土 (옥상토)	丙子 丁丑 澗下水 (간하수)	丙寅 丁卯 爐中火 (노중화)
戊午 己未 天上火 (천상화)	戊申 己酉 大驛土 (대역토)	戊戌 己亥 平地木 (평지목)	戊子 己丑 霹靂火 (벽력화)	戊寅 己卯 城頭土 (성두토)	戊辰 己巳 大林木 (대림목)
庚申 辛酉 石榴木 (석류목)	庚戌 辛亥 釵釧金 (채천금)	庚子 辛丑 壁上土 (벽상토)	庚寅 辛卯 松柏木 (송백목)	庚辰 辛巳 白蠟金 (백랍금)	庚午 辛未 路傍土 (노방토)
壬戌 癸亥 大海水 (대해수)	壬子 癸丑 桑柘木 (상자목)	壬寅 癸卯 金箔金 (금박금)	壬辰 癸巳 長流水 (장류수)	壬午 癸未 楊柳木 (양류목)	壬申 癸酉 劍鋒金 (검봉금)

納音法 (납음법)

(가령) 남자가 甲子生이라면 海中金(해중금)이 되고、 여자가 乙亥生이라면 山頭火(산두화)가 되어 男金女火가 된다。 그리고 남자 丙寅生、丁卯生이라면 火가 되고 여자 壬戌生이나 癸亥生이면 水가 되어 男火 女水가 되니 다음장의 설명에서 男火女水를 찾아 보면 궁합의 길흉을 알 수 있는 것이 된다。 그러나 이것은 어디까지나 겉궁합인 外宮(외궁)에 해당함을 알아야 한다。
(음양전서를 참고하세요)

◎ 男木女火 (木生火) :: 부부 화합하고 자손이 번창하며 복록이 많아 평생 금의옥식으로 그리운 것을 모르리라。 오복도 오고 재앙이 가시며 만인이 숭상하리라。

◎ 男木女水 (水生木) : 부부 금실 지극하여 자손이 효도하고 친척이 화목하며 복록이 가득하여 평화롭고 장수하리라. 거룩한 가풍은 세상에 진동한다.

◎ 男木女木 (兩木相合) : 평생에 길흉이 동반하나 부부 화목하여 생남 생여할 것이고 재산은 풍족하지는 못하여도 한평생 의식의 곤란은 받지 않을 것이다.

◎ 男木女金 (金克木) : 금이 목을 상극하니 부부 해로하기 어렵고 빈곤하리라. 자손 양육하기 어렵고 재앙이 끊이지 않으니 서로 용서하며 사랑하라.

◎ 男木女土 (木剋土) : 행복이 멀어지고 자손이 불효하며 친척이 불화하여 패가 망신하리라. 부부 해로하기 어려우니 일입신양명하여 자손이 효도하리라. 재물은 늘어날 것이다.

◎ 男火女木 (木生火) : 부부 화합하고 입신양명하여 자손이 효도하리라. 재물은 늘어날 것이고,

◎ 男火女火 (兩火相禍) : 벼슬은 높이 올라 공정한 처사로 대접 받으리라.

◎ 男火女土 (火生土) : 부부 화합하여 자손이 잘되며 재물이 풍족하니 일생에 근심이 없다. 부와 권세가 함께하여 명성을 세상에 떨치니 만사 대길하리라.

◎ 男火女火 (火克金) : 길한 일보다 흉한 일이 많다. 재물은 흩어지고 부부 불화로 자손이 충실하지 못하다. 화재 조심하라. 지성이면 감천이니 열심히 노력하라.

◎ 男火女水 (水剋火) : 만사가 대흉하고 상처할 운도 있다. 일가 친척이 불화하고 재산도 없어지니 고달픈 삶이다. 그러나 지극한 부부화합이면 무엇이 두려우꼬.

◎ 男土女金 (火克金) : 불덩이에 던진 눈뭉치 처럼 녹아버려 믿을 것이 없도다. 자손이 귀하며 삶이 어지러워 재앙이 끊일 날이 없으며 재물이 흩어지리라.

◎ 男土女火 (火生土) : 부부 화합하고 자연스레 부귀하여 자손은 효자 효부로 어른을 잘 섬기니 생활은 윤택해지고 만사에 걱정 없고 백년 평화로운 삶을 살리라.

◎ 男土女金 (土生金) : 부부 해로하며 자손이 창성하고 부귀공명이 함께하니 경제적으로 부유할 뿐 아니라 가정이 화목하고 근심이 없으니 백년회로 하리라.

◎ 男土女土(兩土相合) : 자손이 창성하고 부귀 호사하리라. 금의옥식의 풍류객이 되어 큰 대궐집에 서 자연과 즐길 여유 있는 생활을 누리리라

57

◎ 男土女木 (木剋土) : 부부 불화하고 또한 관재구설이 끊이지 않으며 가산이 탕진되고 평생을 근심하리라。극진한 사랑으로 부부 화합을 한다면 극복 될 수도 있다。

◎ 男土女水 (土克水) : 자손이 있더라도 동서로 흩어져 살 것이요、부부 생이별하며、패가망신 하리라。부부가 서로 합심하여 노력하여야 할 것이다。

◎ 男金女水 (金生水) : 부부합심하여 장수하고 부귀복록도 많아 큰 부자로 일생에 명망을 높이리라。만아들 양육에 특히 조심하라。둘째는 장수한다。

◎ 男金女土 (土生金) : 부귀공명 하고 자손이 번창하며、사업이 대성하여 평생 근심이 없이 행복 하게 일생을 보내리라。

◎ 男金女金(兩金相過) : 부부 화합하면 자손이 창성하나、부지런하고 노력하지 않는다면 생활이 어려울 것이다。동기간 화목하면 패가 망신은 면하리라。

◎ 男金女木 (金克木) : 만사 구설이 분분하여 자손에 불화를 초래하고 가산이 쇠퇴해진다。

◎ 男金女火 (火克金) : 서로 믿는 마음을 길러서 평화를 유지한다면 만사 평탄하리라。

◎ 男水女(兩水相合) : 부부 금실이 두터워 자손이 번창하고 부귀하여 일가 친척이 화목하니 만사 평탄하여 일평생 근심이 없으리라。

◎ 男水女火 (水剋火) : 재산이 많아도 관리를 소홀히 해서 극진한 사랑으로 극복하라。이별수 있고 자손의 양육이 힘들어 평생 근심하리라。수 화 상극하니 부부간 불순하여 자손이 불효하고 친척이 불화하며 패가를 면하기 어렵다。서로 관용의 미덕으로 모면하리라。

◎ 男水女土 (土克水) : 토가 수를 상극하니 부부 금실에 금이 간다。그리고 자손의 불효로 패가망 신하니 불길한 궁합이다。

◎ 男水女金 (金生水) : 부부 화합하고 부귀영화 하며、자손은 창성하며 생활이 안정되어 백년 해로 하리라。

◎ 男水女木 (水生木) : 부부 화합하여 부와 명예가 따라 온다。입신양명 하여 자손이 창성하니 평생 기쁜 일만 일어나는구나。

☯ 吉한 宮合 (길한 궁합)

◎ 申子辰生은 서로 좋아하므로 서로 만나면 자손이 많고 부부금실이 좋으리라.

◎ 巳酉丑生은 서로 만나면 부부가 출세하여 자손이 크게 성공하리라.

◎ 寅午戌生은 서로 만나면 가정에 화목과 친척간에 의리가 좋으리라.

◎ 亥卯未生은 서로 만나면 꾸준하게 가장이 공직생활을 하여 일생을 행복하게 산다.

(가령) 巳生이 酉生을 만나도 좋고, 丑生이 巳生과 결혼해도 좋으며, 寅生이 戌生과 만나도 좋으며 午生이 戌生과 만나도 부귀공명하게 된다는 것이다.

이 외에도 궁합법이 많이 있으나 이상과 같은 궁합이 결혼한다면 무사하리라고 본다.

☯ 結婚年 및 雁宮章 (결혼년 및 안궁장)

남자에 한하여 辰生이나 戌生 未生은 동일한 도표에서 보면 된다.

가령 辰年에 출생한 사람은 21세、24세、27세、30세、33세、36세、39세、42세에 결혼하면 대길하고 백련해로 하며 22세、25세、28세、31세、34세、37세、40세、43세에 결혼하면 자주 언쟁이 있어서 불길하며 23세、26세、29세、32세、35세、38세、41세、44세에 결혼하면 이별한다.

60페이지의 도표를 참고하시오.

남자 결혼의 연령	자오묘유 년생		
	대길	반길	이별
	20세	21세	22세
	23세	24세	25세
	26세	27세	28세
	29세	30세	31세
	32세	33세	34세
	35세	36세	37세
	38세	39세	40세
	41세	42세	43세

44세 45세 46세
계속 이어진다.

남자 결혼의 연령	인신사해 년생		
	대길	반길	이별
	19세	20세	21세
	22세	23세	24세
	25세	26세	27세
	28세	29세	30세
	31세	32세	33세
	34세	35세	36세
	37세	38세	39세
	40세	41세	42세

43세 44세 45세
계속 이어진다.

남자 결혼의 연령	진술축미 년생		
	대길	반길	이별
	21세	22세	23세
	24세	25세	26세
	27세	28세	29세
	30세	31세	32세
	33세	34세	35세
	36세	37세	38세
	39세	40세	41세
	42세	43세	44세

45세 46세 47세
계속 이어진다.

여자 결혼의 연령	자오묘유 년생		
	대길	반길	이별
	14세	15세	16세
	17세	18세	19세
	20세	21세	22세
	23세	24세	25세
	26세	27세	28세
	29세	30세	31세
	32세	33세	34세
	35세	36세	37세

여자 결혼의 연령	인신사해 년생		
	대길	반길	이별
	13세	14세	15세
	16세	17세	18세
	19세	20세	21세
	22세	23세	24세
	25세	26세	27세
	28세	29세	30세
	31세	32세	33세
	34세	35세	36세

여자 결혼의 연령	진술축미 년생		
	대길	반길	이별
	12세	13세	14세
	15세	16세	17세
	18세	19세	20세
	21세	22세	23세
	24세	25세	26세
	27세	28세	29세
	30세	31세	32세
	33세	34세	35세

☯ 女子 結婚 大凶月 (여자 결혼 대흉 월)

남자보다 여자의 결혼하는 운을 중요시 하여 본다. 여자는 한번 몸을 남자에게 빼앗기면 상처를 받는 것이라 할수 있다.

그러므로 여자를 중시하여 해석하는 것이다.

◎ 여자 子年生은 正月、二月의 결혼은 대흉。

◎ 여자 寅年生은 七月 결혼은 대흉이다。

◎ 여자 辰年生은 五月 결혼은 대흉이다。

◎ 여자 午年生은 八月、十月 결혼은 대흉。

◎ 여자 申年生은 六月、七月 결혼은 대흉。

◎ 여자 戌年生은 十二月 결혼은 대흉이다。

◎ 여자 丑年生은 四月 결혼은 대흉이다。

◎ 여자 卯年生은 十二月 결혼은 대흉이다。

◎ 여자 巳年生은 五月 결혼은 대흉이다。

◎ 여자 未年生은 六月、七月 결혼은 대흉이다。

◎ 여자 酉年生은 八月 결혼은 대흉이다。

◎ 여자 亥年生은 七月、八月 결혼은 대흉이다。

이상의 月에 결혼하면 과부되지 않으면 생이별하여 불행의 운명을 당할 것이다.

☯ 風波月法 (풍파월법)

결혼하면 풍파가 있으며 가정에 잔잔한 훈기가 없으며 태풍만 닥치는 가정이 된다.

남녀 공히 다음을 참고하시오.

◎ 子辰巳年 출생자는 五月 결혼이 불길하다。

◎ 寅卯午年 출생자는 十一月 결혼이 불길하다。

◎ 丑申酉年 출생자는 九月 결혼이 불길하다。

◎ 未戌亥년 출생자는 十二月 결혼이 불길하다。

61

☯ **결혼길흉월도**

여자에 한하여 子午년 출생한 사람이 六월이나 十二월에 결혼하면 대길하며、五월이나 十一월에 결혼하면 여자가 일찍 죽는다。

◎ 大利月(대리월) ― 결혼을 하게 되면 만사가 길해지고 재산이 모여 부귀공명하게 된다。

◎ 中界月(중계월) ― 중매 결혼이면 중매한 사람에게 해가 닥치고 연애결혼이면 길월이 된다。

◎ 翁姑月(옹고월) ― 조부모에게 해가 되는 월이나、부모님이 모두 있다면 결혼하여도 무방하지만 만약 六十一세 이상의 노인이 집안에 있다면 결혼하면 그 노인이 피해를 본다

◎ 女敏月(여민월) ― 친척 부모중에서 六十五세 이상의 노인이 있다면 노인은 결혼 일에 참가하지 말아야 한다。만약 결혼하는데 노인이 오면 그 노인이 사망한다。

◎ 夫主月(부주월) ― 남편을 부주라 칭하는데 만약 子년생의 여자가 四월이나 十월에 결혼하면 남편이 사망한다。

◎ 女身月(여신월) ― 巳년생이나 亥년생이 四월이나 十월에 결혼하면 신부 신상에 병이 생기거나 일찍 죽게 된다。

月\年	子午년생	丑未년생	寅申년생	卯酉년생	辰戌년생	巳亥년생
대리월	六，十二월	五，十一월	二，八월	一，七월	四，十월	三，九월
중계월	一，七월	四，十월	三，九월	二，八월	五，十一월	六，十二월
옹고월	二，八월	三，九월	四，十월	三，九월	六，十二월	五，十一월
여민월	三，九월	二，八월	五，十一월	四，十월	一，七월	四，十월
부주월	四，十월	一，七월	六，十二월	五，十一월	二，八월	一，七월
여신월	五，十一월	六，十二월	一，七월	六，十二월	三，九월	二，八월

이상으로 결혼년월까지 알았으니 다음은 결혼하는 일을 선택하여 보기로 한다。

☯ 생기 , 복덕 보는 표

남여 연령을 찾아 생기 복덕 천의 등 길일을 택하라

❓ 남자 보는 곳 ❓ 여자 보는 곳

◈ 음력 나이로 보는 것입니다.

남자 (生氣 복덕)

남자 나이	생기	천의	절체	유혼	화해	복덕	절명	귀혼
8·16·24·32·40·48·56·64·72·80	묘	유	자	미신	축인	진사	술해	오
9·17·25·33·41·49·57·65·73·81	축인	진사	술해	오	묘	자	유	미신
10·18·26·34·42·50·58·66·74·82	술해	오	축인	진사	자	미신	묘	유
11·19·27·35·43·51·59·67·75·83	유	묘	미신	자	진사	축인	오	술해
12·20·28·36·44·52·60·68·76·84	진사	축인	오	술해	유	묘	자	미신
13·21·29·37·45·53·61·69·77·85	미신	자	유	묘	오	술해	진사	축인
14·22·30·38·46·54·62·70·78·86	오	술해	진사	축인	미신	자	유	묘
15·23·31·39·47·55·63·71·79·87	자	미신	묘	유	술해	오	축인	진사

- ◎ 생기일 == 대길하니 매사에 길하다.
- ◎ 복덕일 == 대길하니 매사에 길하다.
- ◎ 천의일 == 대길하니 매사에 사용하라.
- ◎ 유혼일 == 나쁘지도 좋지도 않은 날이다.

여자 (生氣 복덕)

여자 나이	生氣	天宜	絶體	遊魂	禍害	福德	絶命	歸魂
8·16·24·32·40·48·56·64·72·80	진사	축인	오	술해	유	묘	미신	자
9·17·25·33·41·49·57·65·73·81	유	묘	미신	자	진사	축인	오	술해
10·18·26·34·42·50·58·66·74·82	술해	오	축인	진사	자	미신	유	묘
11·19·27·35·43·51·59·67·75·83	축인	술해	자	묘	오	유	진사	미신
12·20·28·36·44·52·60·68·76·84	묘	유	술해	축인	미신	자	오	진사
13·21·29·37·45·53·61·69·77·85	자	미신	유	오	축인	술해	진사	묘
14·22·30·38·46·54·62·70·78·86	오	진사	묘	미신	술해	자	축인	유
15·23·31·39·47·55·63·71·79·87	미신	자	진사	유	묘	축인	오	술해

- ◎ 절체일 == 대흉하니 매사에 사용치 말라.
- ◎ 절명일 == 대흉하니 매사에 사용치 말라.
- ◎ 화해일 == 소흉하니 매사에 사용치 말라.
- ◎ 귀혼일 == 소흉하니 매사에 사용치 말라.

☯ 陽宅吉凶知法 (양택 길흉 지법)

1. 天干紀造吉年運見法 (천간 기조 길년운 견법)

◎ 子生 = 甲己丁壬戊癸년 길
◎ 卯生 = 乙庚丙辛丁壬년 길
◎ 午生 = 甲己乙庚丙辛년 길
◎ 酉生 = 甲己乙庚戊癸년 길

◎ 丑生 = 丙辛丁壬戊癸년 길
◎ 辰生 = 乙庚丙辛丁壬년 길
◎ 未生 = 甲己乙庚戊癸년 길
◎ 戌生 = 甲己乙庚戊癸년 길

◎ 寅生 = 丙辛丁壬戊癸년 길
◎ 巳生 = 甲己乙庚丙辛년 길
◎ 申生 = 甲己乙庚戊癸년 길
◎ 亥生 = 甲己丁壬戊癸년 길

(가령) 子년에 출생한 사람이나 亥년생이라면 甲子, 甲午, 甲寅, 甲辰 등이나 己丑, 己巳, 己未 등 丁、壬、戊、癸년에 집을 지으면 길한 년이 되는데 어떠한 가정이라도 家主(가주)가 목표로 되어 다시 말하자면 호주의 띠로서 삼살 즉 겁살, 재살, 세살이 되지 않아야 한다.

지지로서는 나쁘더라도 천간으로 길하면서 지지와의 합이 되면 좋은 것이 된다. 즉 甲子년 출생자가 甲申년에 집을 지으면서 子생이 申년이 되어 길한데 甲申년의 申子와 子생의 子자와 는 삼합이 되므로 길년이 되는 것이다.

2. 起造年月吉凶表 (기조 년월 길흉표)

	吉 年	吉 月	死運 年
申子辰 生	亥子丑寅卯	申酉戌亥子	辰巳午未
亥卯未 生	寅卯辰巳午	亥子丑寅卯	未申酉戌
寅午戌 生	巳午未申酉	寅卯辰巳午	戌亥子丑
巳酉丑 生	申酉戌亥子	巳午未申酉	丑寅卯辰

(가령) 申子辰년생이 亥子丑寅卯 年에 집을 지으면 좋고 申酉戌亥子 月에 지으면 더 길하다.

그러나 申子辰年생이 辰巳午未년에 집을 지으면 흉하므로 불길하다.

3. 十二支 立柱 凶年 (십이지 입주 흉년) = 집을 지으면 나쁜 해

출생년 \ 흉살	三災 삼재	太歲入宅 태세입택	命破 명파	劫殺 겁살	災殺 재살	天殺 천살	地殺 지살	墓破 묘파
巳酉丑生	亥子丑	寅午戌	未	寅	卯	辰	巳	丑
申子辰生	寅午戌	巳酉丑	戌	巳	午	未	申	辰
亥卯未生	巳酉丑	申子辰	丑	申	酉	戌	亥	未
寅午戌生	申子辰	亥卯未	辰	亥	子	丑	寅	戌

(가령) 巳酉丑 年生은 亥子丑 年은 삼재가 드는 해이니 집을 짓지 못하고 寅午戌은 태세 입택년 이므로 집을 짓지 못하며 未寅卯辰巳丑 등은 각 살이 있어서 나쁘다.

즉、 십이지중 살이 있는 년을 제외하고 보니 申과 酉의 두 개 년만 걸리는 것이 없으니 이 申酉年에서 선택하여 집을 짓는 것이 길하다고 본다.

4. 집수리 동토할 때 길한 날

생기일、 복덕일、 월덕일 등의 날들은 가주와 관계되는 날들로서 집을 짓기 위하여 터를 닦는 다던가 집의 수리、 방이나 부엌、 창고、 축사 등을 수리하던가 신축할 때 좋은 날이다.

특히 주의할 점은 대장군방이나 삼살방、 조객살방、 상문살방 등의 방위에서는 집을 수리하거나 신축하는 일은 절대로 피함이 좋다.

5。 定礎。入柱。上樑의 吉日 (정초。입주。상량의 길일)

禍害(화해)、絶命(절명)、絶體(절체) 일은 흉일이다。

甲子、乙丑、丙寅、己巳、庚午、辛未、癸酉、甲戌、乙亥、丙子、丁丑、癸未、甲申、丙戌、庚寅、壬辰、乙未、丁酉、庚子、壬寅、癸卯、丙午、丁未、癸丑、甲寅、丙辰、己未 등이다。

(가령) 甲子年생이 丙午일에 상량식을 하든가 입주를 한다면 丙午일이 일반적으로 무조건 좋은 날 이기는 하지만 이 子年생은 좋은 날이 되지 못한다。왜냐하면 丙午일의 午 자와 甲子생의 甲子가 子午충이 되므로 좋지 않으니 충、파、해살에 걸리지 않는 날을 택일하여야 한다。
또 생기 복덕표에서 화해、절명、절체가 되는 날도 꼭 피해야 함도 잊어서는 안 될 일이다

6。 大通(대통) 한 집 坐向(좌향)

◎ 辰戌丑未年에는 寅、申、巳、亥、간(艮)、坤(곤)、乾(건)、巽(손) 좌향이 대길하다。
◎ 寅申巳亥年에는 子、午、卯、酉、壬、丙、甲、庚 좌향이 대길하다。
◎ 子午卯酉年에는 辰、戌、丑、未、乙、辛、癸、丁 좌향이 대길하다。

(가령) 辰年이나 戌年、丑年이나 未年에 집을 짓는다면 좌향은 寅坐 申向이거나 巳坐 亥向 또는 艮坐 坤向이 아니면 巽坐 乾向으로 집의 좌향을 앉히면 대길하고 부귀 공명하다고 본다。
다시 설명하자면 寅年이나 申年에 집을 짓는다면 子坐午向이나 卯坐壬向으로 앉히면 대길하 다는 것이다。
다른 년도 마찬가지로 해석한다。

7。 金樓四角(금루사각) = 금루사각이란 成造(성조) 방위에 따라 각 궁마다 나이게 따라서 길흉이 다르니 다음의 표를 참고하기 바란다。

巽 손	離 이	坤 곤
8세, 18세, 28세, 38세, 48세, 58세, 68세, 78세, 88세	9세, 19세, 29세, 39세, 49세, 59세, 69세, 79세, 89세	10세, 20세, 30세, 40세, 50세, 60세, 70세, 80세, 90세
震 진	**중앙 中央**	**兌 태**
7세, 17세, 27세, 37세, 47세, 57세, 67세, 77세, 87세	4세 5세, 14,15세, 24,25세, 34,35세, 44,45세, 54,55세, 64,65세, 74,75세, 84,85세	1세, 11세, 21세, 31세, 41세, 51세, 61세, 71세, 81세
艮 간	**坎 감**	**乾 건**
6세, 16세, 26세, 36세, 46세, 56세, 66세, 76세, 86세	3세, 13세, 23세, 33세, 43세, 53세, 63세, 73세, 83세	2세, 12세, 22세, 32세, 42세, 52세, 62세, 72세, 82세

(해설) 乾艮巽坤宮의 짝수 즉、2、4、6、8、10등의 나이에 집을 지으면 좋지 않고 兌坎震離宮 등의 홀수(기수) 즉、1、3、5、7、9 등의 나이에 집을 지으면 좋은 운으로 본다.

그러나 中央宮의 5、15、25、35、45、55、65、75、85 등의 홀수라 하더라도 집을 지을 운이 되지 못하니 유의하기를 바란다. 또한 사각법이라고 명칭을 붙이게 된 것은 앞의 도표 사각 즉、건、간、손、곤 궁에 해당하는 짝수의 나이에는 집을 지을 운이 되지 못함을 나타낸 법칙을 말한 것이 사각법이라고 하였다.

8. 本命四角法(본명사각법)

앞의 金樓四角(금루사각)은 간단하게 설명하였으나 여기 본명사각법은 六親(육친)과의 길흉 등을 세밀하게 나타내고 있다.

본명사각법에서 길은 대길의 뜻이며 불리는 불길하니 집을 지으면 안된다는 뜻이며 잠사각、자사각은 본인이 나쁘다는 뜻이고 부모사각은 부모가 피해를 당하는 것이며、처사각은 처에게 피해가 되어 처 사주에 흉신을 만날때는 사망하는 운이 되고、우마사각에 가축의 집을 지으면 가축이 잘 되지 않고 피해를 입게 된다는 뜻이다. 도표는 다음장에 있읍니다.

9. 家屋新築墓事吉日 (가옥 신축 묘사 길일)

10세	9세	8세	7세	6세	5세	4세	3세	2세	1세
妻子四角	吉	牛馬四角	吉	自四角	蠶四角	吉	父母四角	吉	妻子四角
20세 길	19세 처자사각	18세 길	17세 우마사각	16세 길	15세 잠사각	14세 자사각	13세 길	12세 부모사각	11세 길
30세 부모사각	29세 길	28세 처자사각	27세 우마사각	26세 자사각	25세 잠사각	24세 길	23세 자사각	22세 길	21세 부모사각
40세 길	39세 부모사각	38세 길	37세 처자사각	36세 길	35세 잠사각	34세 우마사각	33세 길	32세 자사각	31세 길
50세 잠사각	49세 길	48세 부모사각	47세 길	46세 자사각	45세 잠사각	44세 길	43세 우마사각	42세 길	41세 자사각
60세 자사각	59세 길	58세 부모사각	57세 길	56세 처자사각	55세 잠사각	54세 길	53세 우마사각	52세 길	51세 자사각
70세 길	69세 자사각	68세 길	67세 처자사각	66세 길	65세 잠사각	64세 자사각	63세 길	62세 우마사각	61세 길
80세 우마사각	79세 길	78세 자사각	77세 길	76세 부모사각	75세 잠사각	74세 길	73세 처자사각	72세 길	71세 우마사각

甲子、乙丑、丁卯、戊辰、庚午、辛未、己卯、辛巳、甲申、乙未
丁酉、己亥、丙午、丁未、壬子、癸丑、甲寅、乙卯、庚申、辛酉

(해설) 집을 짓기 위하여 터를 닦기 시작하는 날을 표에서 일진으로 선택하면 좋은데、여기에서 참고할 것은 家主(가주) 의 생년지와 沖(충)、破(파)、害(해)、形(형)이 되지 않은 날로 택일하여야 한다는 것이다。

10。 定礎吉日（정초길일）

갑자、을축、병인、무진、기사、경오、신미、갑술、을해、무인、기묘、신사、임오
계미、갑신、정해、무자、기축、경인、계사、을미、정유、무술、기해、경자、임인
계묘、병오、무신、기유、임자、계축、갑인、을묘、병진、정사、기미、경신、신유

（해설） 집을 지을 때 주춧돌을 놓을 때를 말하는데 현대에는 콘크리트로 집을 짓기 때문에 기초
콘크리트 치는 날로 정하면 된다。주의할 점은 天賊日（천적일）、騫日（건일）、破日（파일）은
불길한 날이므로 이 날들은 반드시 피해야 한다。

11。 竪柱吉日（수주길일）

병인、기사、을해、기묘、신사、갑신、을유、무자、기축、경인、을미、기해、신축、계묘
을사、무신、기유、임자、갑인、기미、경신、임술、황도、천덕、월덕、성일、개일。

（해설） 집을 지을 때 기둥을 세우는 길일을 택일 할 때의 길한 날들이다。黃道（황도）、天德（천덕）、
月德（월덕）、成日（성일）、開日（개일） 등은 사주비전을 참고하기 바란다。

12。 上樑吉日（상량길일）

갑자、을축、정묘、무진、기사、경오、신미、임신、갑술、병자、무인、경진、임오、갑신
병술、무자、경인、갑오、병신、정유、무술、기해、경자、신축、임인、계묘、을사、정미
기유、신해、계축、을묘、정사、기미、신유、계해

69

(해설) 위와 같은 일진에 상량을 해야 좋으며 아울러 천덕、월덕、성일、개일 등의 날도 상량에 吉日들이다。그리고 요즘에 들어서는 아파트나 빌딩 등의 고층 건물에 定礎(정초)、혹은 立柱(입주)、上樑(상량)에 年、月、日、時 등을 써서 건물의 중앙 맨 위 천정에 걸고 건물의 골격을 마무리 한다。

☯ 上樑(상량) 쓰는 법 (龍 자는 거꾸로 쓴다)

용	麤	
무진년5월4일 (음3월19일기미) 사시수주상량축좌미향	戊辰年五月四日(陰三月十九日己未)巳時竪柱上樑丑坐未向	應天之三光 備人間之五福 龜
	응천지삼광 비인간지오복	구

입주와 상량의 일시가 다를 경우에는 입주 일시와 상량 일시를 각기 따로 날자를 쓰고 입주、상량을 같은날 다하게 되면 일시 다음에 수주상량이라고 이어 쓴다。일시 다음에 좌향을 쓰고 그 다음에 덕담을 쓰며 上에는 龍(용)자를 거꾸로 쓰고 下에는 龜(구)자를 써서 위、아래를 구별하게 된다。

☯ 조왕기도일
이 날은 누구나 조왕신에게 기도하면 만복이 들어와서 부귀공명한다。
매월 초엿세、十二일、十八일、二十一일

(조왕 제사 지내는 법)
팥을 넣고 떡을 찐 후、삼색 과일과 세가지 나물(고추 가루는 넣지 않음)로 뭉쳐서 부뚜막(조리대나 취사장)에 차려 놓고 제사를 지내는데 호주가 절을 하고 또는 식구 모두가 제사에 참석해서 절을 하는 것이 원칙인데 절은 3번 하는 것이 원칙이다。

순서는 다음과 같은데 우선 분향(만세향 7개)하고 초를 켜놓는다. 기도가 끝나면 반드시 빈 그릇에 차려 놓은 여러 가지 음식을 조금씩 나누어 담아 대문 앞에 부어두든지 대문 옆에 부어 두었다가 가축에게 주면 된다.

● 佛供大通日 (불공대통일)

매월
갑자일、갑술일、갑오일、갑인일、을축일、을유일、병인일、병신일、병진일、정미일、무인일、무자일、기축일、경오일、신묘일、신유일、계묘일、계축일

위와 같은 날에 부처님께 기도 드리면 재수 대길하며 가정에 만복이 온다. 그리고 다른 날도 上存神(상존신)께 기도하면 만사 순탄하며 모든 악이 해소 된다고 본다.

◐ 山神祈禱日 (산신기도일)

매월
갑자일、을해일、을유일、을묘일、병자일、병술일、경술일、신묘일、임신일、갑신일

◎ 기도 하는법

산에 들어가서 산신님에게 기도를 할려면 우선 기도 날을 받아야 하며 이렇게 날을 받은 후 15일간은 각종 고기를 먹지 말고 간음도 하지 말고 불길한(보기 흉측한 것)것 등은 보지 말며、소금 한되를 가지고 가고 싶은 산에 가서 흰 백설기를 차려 놓거나 또는 바다에서 낚아 올린 게를 놓든지 하고、세가지의 과일과 나물 등을 놓고 산신청을 한번만 읽고 암송하면 산신의 도움으로 소망이 성취 된다. 산신청은 종합불경 책에 있습니다.

☯ 水神祈禱日 (수신기도일)

매월

경오일、신미일、임신일、계유일、갑술일、경자일、신유일

집안에 물에 빠져 죽은 사람이 있으면 매년 일회씩 날을 받아서 물에 가서 제사드려주면 집안에 재수가 있다고 본다.

각종 물에 사는 어류 종류를 (다른 사람이 잡아온 것) 시장에서 살아 있는 것으로 사서 다시 물에 넣어주면 만사형통이 된다.

☯ 移徙不吉日 (이사불길일)

★ 좌향(방향)은 표지 내지 방위도 도표를 참고하세요.

삼살년 = 三殺方 = 방위	대장군방	상문살년	방향	조객살년	방향
신자진년 = 사오미방 = 남방	신유술년 = 남방	자축인묘진사오미신유술해	인묘진사오미신유술해자축	자축인묘진사오미신유술해	술해자축인묘진사오미신유
사유축년 = 인묘진방 = 동방	인묘진년 = 동방				
인오술년 = 해자축방 = 북방	해자축년 = 북방				
해묘미년 = 신유술방 = 서방	사오미년 = 서방				

(해설)

삼살방 = 신、자、진년에는 남쪽 방향으로 이사하면 삼살을 맞아 이사를 하면 불길하다.

대장군방 = 사、오、미년에는 동쪽 방향으로 이사하면 대장군을 맞아 이사를 하면 불길하다

상문살방 = 자년에는 寅방향(동북쪽)으로 이사하면 상문살을 맞아 이사를 하면 불길하다.

조객살년 = 자년에는 戌방향(서북쪽)으로 이사하면 조객살을 맞아 이사를 하면 불길하다.

☯ 移徙 吉日 (이사 길일)

이사 가면 누구나 길한 날이다. 호주와 생년 간지를 주동하여서 지지 합이 되는 날은 더욱 길하다. 그러나 호주의 생년 간지와 충、파、해가 되는 날은 흉하다.

月	일	이사 길일
正월	9일	임진일 병진일 정미일 신미일 갑자일
二월	3일	병인일 기사일 경오일 임인일 갑자일
三월	4일	계묘일 갑오일 병오일 삽신일 정유일 갑자일
四월	2일	경오일 갑오일 병오일 갑인일 갑자일
五월	7일	경신일 삽신일 갑인일 정유일 갑자일
六월	6일	갑인일 정유일 갑자일
七월	9일	경술일 정유일 갑술일 갑자일
八월	3일	을해일 을축일 계축일 갑자일
九월	4일	갑오일 갑신일 병오일 갑자일
十월	2일	을미일 갑오일 경진일 무자일 갑자일
十一월	7일	신미일 정미일 정축일 임오일 계미일
十二월	6일	신해일 을해일 정묘일 기해일 신미일

☯ 移徙 大凶日 (이사 대흉일)

= 다음 표는 이사 택일에 대흉일이므로 월별로 이 날은 피하라.

日\月	1월	2월	3월	4월	5월	6월	7월	8월	9월	10월	11월	12월
受死日 (수사일)	술	진	해	사	자	오	축	미	인	신	묘	자
血支日 (혈지일)	축	인	묘	진	사	오	미	신	유	술	해	자
財損日 (재손일)	사	자	축	신	묘	술	해	오	미	인	유	진
病死日 (병사일)	미	술	진	인	오	자	유	신	사	축	축	묘
萬凶日 (만흉일)	인	오	유	사	오	묘	오	미	신	사	오	미

☯ 길한 궁합

申子辰生은 서로 좋아하므로 서로 만나면 자손이 많고 금실이 만족하게 된다.

巳酉丑生이 서로 만나면 남편 출세하고 자손이 크게 성공하며 행복하게 산다.

寅午戌生이 서로 만나면 가정에 화목과 친척간에 의리가 좋으며 행복하게 산다.

亥卯未生이 서로 만나면 항상 꾸준하게 생활하며 영원히 인생을 행복하게 산다.

☯ 開業 吉日 (개업 길일)

매월

갑자일、 을축일、 병인일、 기사일、 경오일、 신미일、 갑술일、 을해일、 병자일、 기묘일

임오일、 계미일、 갑신일、 경인일、 신묘일、 기미일、 기해일、 경자일、 계묘일、 병오일

임자일、 갑인일、 을묘일、 을미일、 경신일、 신유일

회사나 학교 또는 요정、 다방、 식당、 주류업、 다과점 등 각종 업체를 개업하려면 이상과 같은 날을 택일하면 좋으며、 특히 이상의 날은 누구나 다 좋은 날이지만 다음 사항은 피하여야 한다.

◎ 띠에 따라 피해야 할 개업 일

子生은 午일을 피하고、
丑生은 未일을 피하고
寅生은 申일을 피하고
卯生은 酉일을 피하고、
辰生은 戌일을 피하고
巳生은 亥일을 피하고
午生은 子일을 피하고、
未生은 丑일을 피하고
申生은 寅일을 피하고
酉生은 卯일을 피하고、
戌生은 辰일을 피하고、
亥生은 巳일을 피하여
개업하여야 하며 그 외의 날은 평탄하리라.

☯ 각종 방위 도표

결혼 주당 보는 법			이사 주당 보는 법			안장 주당 보는 법		
姑	堂	翁	天 ←	利		男	孫	死
夫 →		第	害	殺		父 →		女 ←
廚	←	竈	富	師		客	婦	母
	婦		安 →	災				
			客	父 →				

◎ 결혼 주당 보는 법

결혼 날을 선택하는 것인데 음력이 30일까지 있는 달이 되는데 앞의 도표에서 夫자로 시작하여 姑、堂、翁 순으로 순행하고、음력이 29일까지 있는 작은 달은 婦로 시작하여 竈、第、翁 순으로 역행하여 날자를 계산하는데 좋은 날은 第、堂、廚、竈가 되는 날이고、姑、翁은 평이고 夫、婦가 있는 날은 결혼하면 불길하다.

(예) 2020년 음력 6월 5일에 결혼하려고 하니 음력이 30일까지 있으니 큰 달이므로 夫자로 시작하여 2일은 姑、3일은 堂、4일은 翁、5일은 第가 되어 결혼하여도 좋다고 한다.

◎ 이사 주당 보는 법

이사 가는 날에는 앞의 도표에서 安자가 있는 곳에서 시작하여 利→天→害→殺→富→師→災로 순행이 되는 큰 달에는 天、富、師、安、利가 오는 날은 이사가면 길하고 殺、害、災가 오는 날은 이사 가면 불길하다. 작은 달은 天→利→安→災→師→富→殺→害로 순으로 간다.

(예) 2020년 음력 6월 5일에 이사를 보니 음력이 30일까지 있으니 大월이므로 1일은 安、2일은 利、3일은 天、4일은 害、5일은 殺이 오니 殺은 이사 가면 불길한 날이다.

◎ 안장 주당 보는법

안장일은 큰 달은 父에서 시작하여 男→孫→死→女→母→婦→客→父 순서로 순행이 되고 작은 달은 母→女→死→孫→男→婦→客→婦로 안장일을 정하는데、부친 사망시에는 父자가 해당하는 날자에 안장을 하면 길하고、모친 사망시에 母 자가 있는 곳의 날자가 길한데 가령 孫자가 있는 날에는、손자는 안장 일에 나가 보지 않는 것이 좋으리라.

(예) 2020년 음력 6월 5일에 안장을 하려고 한다면 6월은 큰 달이므로 순행하여 보니 父→男→孫→死→女하여、女자가 있으니 이 날에 여자는 안장을 보면 흉하다는 것이다.

일년중 조심하는 일진과 관계

살명	1월	2월	3월	4월	5월	6월	7월	8월	9월	10월	11월	12월	음력 월별 불길 일
사격살	戌日	丑日	辰日	未日	戌日	丑日	辰日	未日	戌日	丑日	辰日	未日	출행 심한 운동 행군 등 불길
천사살	酉日	오일	묘일	자일	오일	오일	자일	자일	자일	오일	묘일	자일	소송 취임식 출행 여행 등 불길
대살살	戌日	사일	미일	진일	묘일	진일	해일	해일	진일	축일	유일	자일	혼인 상량식 이사 원행 등 불길
오묘살	乙未日	무진일	병술일	무진일	병술일	신유일	신유일	무진일	임진일	임진일	임진일	무진일	집수리 결혼식 원행 출타 등 불길
구공살	辰日	술일	술일	미일	묘일	자일	오일	미일	인일	해일	신일	사일	창고건축 집수리 돈거래 불길
고초일	辰日	축일	술일	미일	진일	축일	술일	미일	진일	축일	술일	미일	재수굿 기도 혼인 등 불길
장성살	7日	4일	6일	9일	15일	10일	8일	2일	4일	3일	17일	9일	부임식 이사 기도 등 불길
안성살	21日	19일	16일	25일	25일	21일	22일	18·19일	16·17일	14일	23일	25일	혼인 부임식 기도 등 불길
음착살	庚戌日	신유일	경신일	정미일	병오일	정사일	갑인일	을묘일	갑자일	계해일	임자일	계해일	결혼 부임식 산신기도 등 불길
양착살	甲寅日	을묘일	갑진일	정사일	병오일	정미일	경신일	신유일	경술일	계해일	임자일	계축일	집건축 혼인 안장 기도 등 불길
천화일	子日	묘일	오일	유일	자일	묘일	오일	유일	자일	묘일	오일	유일	주방수리 개축 집수리 등 불길
독화일	巳日	묘일	축일	해일	유일	미일	사일	묘일	축일	해일	유일	미일	집 짓는 일이나 주방수리 불길
유화일	巳日	해일	신일	인일	사일	해일	신일	인일	사일	해일	신일	인일	침 맞지 말고 수술 및 약도 주의
혈기일	丑日	미일	인일	신일	묘일	유일	진일	술일	사일	해일	오일	자일	살생을 말고 수술 및 침도 주의
혈지일	丑日	인일	묘일	진일	사일	오일	미일	신일	유일	술일	해일	자일	수혈 및 침 뜸 등을 하지 마라
빙소일	巳日	자일	축일	신일	묘일	술일	오일	해일	미일	인일	유일	진일	축대 담장 집 기둥을 세우지 말라
수격일	戌日	신일	오일	진일	인일	자일	술일	신일	오일	진일	인일	자일	배타지 말고 물을 조심하라

☯ 남자 여자 연령별 이사 방위도

가령 남자 55세 되는 사람이 동방、동북방、북방으로 이사를 가면 좋다고 한다。 중앙은 자기 집이다。 그러므로 길한 방위에 중앙이면 이사를 가지 않는 것이 좋고 흉한 방위에 중앙이면 이사를 가도 된다는 것이다。 그리고 삼살방이나 대장군 방향으로는 이사를 가면 불길하다。 집안의 가주만 이사 방위를 본다。

남자 연령별 이사 방위도

9세	8세	7세	6세	5세	4세	3세	2세	1세	음력나이 / 이사방위
18	17	16	15	14	13	12	11	10	
27	26	25	24	23	22	21	20	19	
36	35	34	33	32	31	30	29	28	
45	44	43	42	41	40	39	38	37	
54	53	52	51	50	49	48	47	46	
63	62	61	60	59	58	57	56	55	
72	71	70	69	68	67	66	65	64	
81	80	79	78	77	76	75	74	73	
90	89	88	87	86	85	84	83	82	
99	98	97	96	95	94	93	92	91	
동남	중앙	서북	서방	동북	남방	북방	서남	동방	천록방吉
중앙	서북	서방	동북	남방	북방	서남	동방	동남	안손방凶
서북	서방	동북	남방	북방	서남	동방	동남	중앙	식신방吉
서방	동북	남방	북방	서남	동방	동남	중앙	서북	징파방凶
동북	남방	북방	서남	동방	동남	중앙	서북	서방	오귀방凶
남방	북방	서남	동방	동남	중앙	서북	서방	동북	합식방吉
북방	서남	동방	동남	중앙	서북	서방	동북	남방	진귀방凶
서남	동방	동남	중앙	서북	서방	동북	남방	북방	관인방吉
동방	동남	중앙	서북	서방	동북	남방	북방	서남	퇴식방凶

여자 연령별 이사 방위도

9세	8세	7세	6세	5세	4세	3세	2세	1세	음력나이 / 이사방위
18	17	16	15	14	13	12	11	10	
27	26	25	24	23	22	21	20	19	
36	35	34	33	32	31	30	29	28	
45	44	43	42	41	40	39	38	37	
54	53	52	51	50	49	48	47	46	
63	62	61	60	59	58	57	56	55	
72	71	70	69	68	67	66	65	64	
81	80	79	78	77	76	75	74	73	
90	89	88	87	86	85	84	83	82	
99	98	97	96	95	94	93	92	91	
중앙	서북	서방	동북	남방	북방	서남	동방	동남	천록방吉
서북	서방	동북	남방	북방	서남	동방	동남	중앙	안손방凶
서방	동북	남방	북방	서남	동방	동남	중앙	서북	식신방吉
동북	남방	북방	서남	동방	동남	중앙	서북	서방	징파방凶
남방	북방	서남	동방	동남	중앙	서북	서방	동북	오귀방凶
북방	서남	동방	동남	중앙	서북	서방	동북	남방	합식방吉
서남	동방	동남	중앙	서북	서방	동북	남방	북방	진귀방凶
동방	동남	중앙	서북	서방	동북	남방	북방	서남	관인방吉
동남	중앙	서북	서방	동북	남방	북방	서남	동방	퇴식방凶

☯ 一 천록(天祿) = 관록과 재산이 생기는 방위

☯ 二 안손(眼損) = 손재와 눈병이 생기는 방위

◐ 三 식신(食神) = 재물이 느는 방위

◎ 四 징파(徵破) = 도적 등 손재를 보는 방위

◎ 五 오귀(五鬼) = 집안에 질병이 많은 방위

☯ 六 합식(合食) = 재물이 느는 방위

◎ 七 진귀(進鬼) = 관재구설 송사가 있는 방위

☯ 八 관인(官印) = 승진、합격 등 재수가 있는 방위

◎ 九 퇴식(退食) = 손재、부부 불화하는 방위

※ 풍수 상식 (이장 문제)

1. 이장(移葬) 못하는 年은 망인의 년지, 즉 띠로써 보는데
   申, 子, 辰년 생이라면 신, 자, 진년에는 이장을 못하고
   亥, 卯, 未년 생이라면 해, 묘, 미년에는 이장을 못하고
   巳, 酉, 丑년 생이라면 사, 유, 축년에는 이장을 못하고
   寅, 午, 戌년 생이라면 인, 오, 술년에는 이장을 못한다.

2. 이장 못하는 월(月)에 이장을 하면 3년 내에 자손이 망한다.

1월 = 申일	2월 = 酉일	3월 = 戌일	4월 = 亥일
5월 = 子일	6월 = 丑일	7월 = 寅일	8월 = 卯일
9월 = 辰일	10월 = 巳일	11월 = 午일	12월 = 未일

3. 이장 못하는 날(日)이 있는데 이 날을 지중 백호살이라고 하는데
   이장하면 자손이 피를 흘리는 날이다.

子, 午년 = 2월, 8월 大凶	丑, 未년 = 3월, 9월 대흉
寅, 申년 = 4월, 10월 대흉	卯, 酉년 = 1월, 7월 대흉
辰, 戌년 = 6월, 12월 대흉	巳, 亥년 = 5월, 11월 대흉

4. 子, 午, 卯, 酉년에는 壬, 癸 일에 이장하면 장자(長子)가 망한다.
   寅, 申, 巳, 亥년에는 丙,丁,戊,己,庚,辛 일에 이장하면 집이 망한다.
   辰, 戌, 丑, 未년에는 甲, 乙 일에 이장하면 남자나 처가 망한다.
   子, 午, 卯, 酉년생이 辰, 戌, 丑, 未년에 이장하면 7년내 망한다.
   寅, 申, 巳, 亥년생인 장손이 子, 午, 卯, 酉년에 이장하면 5년내에
   자손이 망한다.
   辰, 戌, 丑, 未년생이 寅, 申, 巳, 亥년에 이장하면 9년내에 자손이
   망한다.

5. 혈을 정하는 순서는 산의 형세와 수구(水口)의 흐르는 위치와 청룡
   백호가 뚜렷하고 높지도 않고 낮지도 않은 조건의 맥을 살려서
   정혈을 찾아낸 뒤 방향을 정하고 깊이를 정한후 땅을 파는 것이
   순서임을 명심하기 바랍니다

         (풍수지산록, 풍수비결 책에 자세히 나와 있습니다.)

6. 망인(亡人)의 무덤에 못 쓰는 좌(坐)이며 대흉(大凶)좌이다.

자축(子丑)생은 갑신(甲申)좌로 머리를 두면 자손이 흉하다.

인묘(寅卯)생은 계묘유(癸卯酉)좌로 머리를 두면 3년 내 大흉한다.

진(辰)생은 유신(酉申)좌로 머리를 두면 3년 내 흉하다.

사(巳)생은 인술(寅戌)좌로 머리를 두면 소흉하다.

오(午)생은 간(艮)좌로 머리를 두면 자손에게 해를 끼친다.

미(未)생은 신(申)좌로 머리를 두면 후손이 불길하다.

신(申)생은 간병(艮丙)좌, 巳酉丑좌로 머리를 두면 자손이 흉하다.

유(酉)생은 오술(午戌)좌로 머리를 두면 자손이 흉하다.

술(戌)생은 묘(卯)좌로 머리를 두면 자손이 흉하다.

해(亥)생은 축(丑)좌로 머리를 두면 자손이 흉하다.

7. 묘를 쓰면 장사 후 20일 이내에 사람이 사망하는 좌향(坐向)

子, 午년에는 경유신(庚酉辛)좌로 묘를 쓰지 못한다.

丑, 未년에는 갑묘을(甲卯乙)좌로 묘를 쓰지 못한다.

寅, 申년에는 술건해(戌乾亥)좌로 묘를 쓰지 못한다.

卯, 酉년에는 진손사(辰巽巳)좌로 묘를 쓰지 못한다.

辰, 戌년에는 축간인(丑艮寅)좌로 묘를 쓰지 못한다.

巳, 亥년에는 미곤신(未坤申)좌로 묘를 쓰지 못한다.

8. 머리를 두면 흉한 입수(入首) 좌향

계축(癸丑)방으로 머리를 두면 흉하다.

병오(丙午) 입수 정미(丁未)좌는 불길하다.

신술(辛戌) 입수 건해(乾亥)좌는 재산 실패한다.

손사(巽巳) 입수 병오(丙午)좌는 흉하다.

곤신(坤申) 입수 정미(丁未)좌는 반흉 반길이다.

경신(庚申) 입수 신유(辛酉)좌는 흉하다.

축(丑)방 입수 간(艮)좌는 불길하다.

9. 입수 대길 좌(入首 大吉 坐) (풍수지산록 책 참조)

甲 入首 艮,寅 좌	庚 입수 坤,酉 좌	寅 입수 艮,寅 좌	巽 입수 坤,乙 좌
乙 입수 艮,卯 좌	辛 입수 坤,酉 좌	卯 입수 甲乙癸 좌	酉 입수 坤,亥 좌
丙 입수 甲乙坤 좌	壬 입수 子艮辛 좌	辰 입수 艮,巽 좌	戌 입수 辛 좌
丁 입수 巳,坤 좌	癸 입수 子,艮 좌	巳 입수 巳 좌	亥 입수 壬癸丑酉乾
乾 입수 辛 좌	子 입수 艮 좌	午 입수 丙,丁 좌	艮 입수 癸壬甲卯亥
坤 입수 丁 좌	丑 입수 壬 좌	未 입수 坤 좌	申 입수 丁 좌

※ 사무실 책상의 좋은 좌향표

표를 보는 법은 갑자년 생은 동남쪽에서 서북향을 향해서 앉도록
배치하면 좋은 위치라고 하고 재수가 있다. 출생년이 계해년 생이라면
서남쪽에서 동북향을 향해서 앉으면 좋다는 것이다

출생년	갑자생	갑술생	갑신생	갑오생	갑진생	갑인생
좌 향	동남좌 서북향	동남좌 서북향	동남좌 서북향	동남좌 서북향	동남좌 서북향	동남좌 서북향
출생년	을축생	을해생	을유생	을미생	을사생	을묘생
좌 향	동남좌 서북향	동남좌 서북향	동남좌 서북향	동남좌 서북향	동남좌 서북향	동남좌 서북향
출생년	병인생	병자생	병술생	병신생	병오생	병진생
좌 향	정서좌 정동향	정서좌 정동향	정서좌 정동향	정서좌 정동향	정서좌 정동향	정서좌 정동향
출생년	정묘생	정축생	정해생	정유생	정미생	정사생
좌 향	정서좌 정동향	정서좌 정동향	정서좌 정동향	정서좌 정동향	서북좌 동남향	정서좌 정동향
출생년	무진생	무인생	무자생	무술생	무신생	무오생
좌 향	정북좌 정남향	정동좌 정서향	정북좌 정남향	정북좌 정남향	정북좌 정남향	정북좌 정남향
출생년	기사생	기묘생	기축생	기해생	기유생	기미생
좌 향	정북좌 정남향	정북좌 정남향	정북좌 정남향	정북좌 정남향	정북좌 정남향	정북좌 정남향
출생년	경오생	경진생	경인생	경자생	경술생	경신생
좌 향	정동좌 정서향	정동좌 정서향	정동좌 정서향	정동좌 정서향	정동좌 정서향	정동좌 정서향
출생년	신미생	신사생	신묘생	신축생	신해생	신유생
좌 향	정남좌 정북향	정남좌 정북향	정동좌 정서향	정동좌 정서향	정동좌 정서향	정동좌 정서향
출생년	임신생	임오생	임진생	임인생	임자생	임술생
좌 향	정남좌 정북향	정남좌 정북향	정남좌 정북향	정남좌 정북향	동남좌 서북향	정남좌 정북향
출생년	계유생	계미생	계사생	계묘생	계축생	계해생
좌 향	정남좌 정북향	정남좌 정북향	정남좌 정북향	정남좌 정북향	정남좌 정북향	서남좌 동북향

※ 출생한 띠 (12지지)로 보는 주택 좌향의 길흉 방위

쥐 띠 (子年生)	* 북향집은 자손에게 불리하며 재수 없는 좌향이다. * 동향집, 서향집, 남향집은 대길의 좌향이다.
소 띠 (丑年生)	* 서향집, 북향집은 가산 탕진되고 재수 없는 좌향이다. * 동향집, 남향집은 대길의 좌향이다.
범 띠 (寅年生)	* 남향집은 좌향이 맞지 않고 동향집은 불길하다. * 서향집, 북향집은 대길의 좌향이다.
토끼띠 (卯年生)	* 동향집은 재수도 없고 우환이 많은 불길한 좌향이다. * 서향집, 남향집, 북향집은 대길의 좌향이다.
용 띠 (辰年生)	* 북향집은 대흉 방이다. * 동향집, 서향집, 남향집은 모두 대길의 좌향이다.
뱀 띠 (巳年生)	* 동향집, 서향집은 대흉 방이다. * 남향집, 북향집은 대길의 좌향이다.
말 띠 (午年生)	* 남향집은 대흉의 좌향이다. * 동향집, 서향집, 북향집은 대길의 좌향이다.
양 띠 (未年生)	* 동향집은 불길한 좌향이다. * 서향집, 남향집, 북향집은 대길의 좌향이다.
원숭이띠 (申年生)	* 북향집은 불길한 좌향이다. * 동향집, 서향집, 남향집은 대길의 좌향이다.
닭 띠 (酉年生)	* 서향집은 불길한 좌향이다. * 동향집, 남향집, 북향집은 대길의 좌향이다.
개 띠 (戌年生)	* 남향집은 불길한 좌향이다. * 동향집, 서향집, 북향집은 대길의 좌향이다.
돼지띠 (亥年生)	* 동향집은 불길한 좌향이다. * 서향집, 남향집, 북향집은 대길의 좌향이다.

☯ 十二神(십이신)의 배치 및 해설

십이신은 행사의 길, 흉 일을 택일하는데 활용되며 음력 정월은 입춘일이
지나서 첫 번째 寅일이 建이 되며 卯일은 除가 되며 辰일은 滿이 된다.
음력 2월은 경칩이 지나서 첫 번째 卯일이 建이 되며 辰일은 除가 된다.

십이신 월별	건 建	제 除	만 滿	평 平	정 定	집 執	파 破	위 危	성 成	수 收	개 開	폐 閉
1월 (立春 後)	인	묘	진	사	오	미	신	유	술	해	자	축
2월 (驚蟄 後)	묘	진	사	오	미	신	유	술	해	자	축	인
3월 (淸明 後)	진	사	오	미	신	유	술	해	자	축	인	묘
4월 (立夏 後)	사	오	미	신	유	술	해	자	축	인	묘	진
5월 (芒種 後)	오	미	신	유	술	해	자	축	인	묘	진	사
6월 (小暑 後)	미	신	유	술	해	자	축	인	묘	진	사	오
7월 (立秋 後)	신	유	술	해	자	축	인	묘	진	사	오	미
8월 (白露 後)	유	술	해	자	축	인	묘	진	사	오	미	신
9월 (寒露 後)	술	해	자	축	인	묘	진	사	오	미	신	유
10월 (立冬 後)	해	자	축	인	묘	진	사	오	미	신	유	술
11월 (大雪 後)	자	축	인	묘	진	사	오	미	신	유	술	해
12월 (小寒 後)	축	인	묘	진	사	오	미	신	유	술	해	자

★ 해설

◎ 건 = 입주, 상량, 출행, 교역은 길하고 동토, 안장, 승선은 불길.

◎ 제 = 목욕, 제사, 교역은 길하고 구직, 이사는 불길하다.

◎ 만 = 제사, 혼인, 출행은 길하고 동토, 입주, 이사는 불길하다.

◎ 평 = 혼인, 이사, 토지거래, 제사는 길하고 파종은 불길하다.

◎ 정 = 제사, 결혼, 안장은 길하고 송사, 출행은 불길하다.

◎ 집 = 혼인, 개업, 안장은 길하고 출행, 이사는 불길하다.

◎ 파 = 집 개조는 길하나 매사 불길하다.

◎ 위 = 제사는 길하나 매사 불길하다. 특히 승선을 주의하라.

◎ 성 = 혼인, 여행, 제사는 길하고 소송이나 송사는 불길하다.

◎ 수 = 입학, 혼인은 길하고 출행, 안장은 불길하다.

◎ 개 = 혼인, 출행, 개업은 길하고 안장은 불길하다.

◎ 폐 = 제사, 안장은 길하고 출행, 이사는 불길하다.

※찾아온 고객이 무엇 때문에 왔는지 아는 법

문의 하러온 날의 일진과 문의 하러온 사람의 나이로 알수 있다.									子日	丑日	寅日	卯日	辰日	巳日	午日	未日	申日	酉日	戌日	亥日
	6	18	30	42	54	66	78	90	午	未	申	酉	戌	亥	子	丑	寅	卯	辰	巳
	7	19	31	43	55	67	79	91	未	신	유	술	해	자	축	인	묘	진	사	오
	8	20	32	44	56	68	80	92	申	유	술	해	자	축	인	묘	진	사	오	미
	9	21	33	45	57	69	81	93	酉	술	해	자	축	인	묘	진	사	오	미	신
	10	22	34	46	58	70	82	94	戌	해	자	축	인	묘	진	사	오	미	신	유
	11	23	35	47	59	71	83	95	亥	자	축	인	묘	진	사	오	미	신	유	술
	12	24	36	48	60	72	84	96	子	축	인	묘	진	사	오	미	신	유	술	해
1	13	25	37	49	61	73	85	97	丑	인	묘	진	사	오	미	신	유	술	해	자
2	14	26	38	50	62	74	86	98	寅	묘	진	사	오	미	신	유	술	해	자	축
3	15	27	39	51	63	75	87	99	卯	진	사	오	미	신	유	술	해	자	축	인
4	16	28	40	52	64	76	88	100	辰	사	오	미	신	유	술	해	자	축	인	묘
5	17	29	41	53	65	77	89	101	巳	오	미	신	유	술	해	자	축	인	묘	진

※ 보는법 : 6세, 18세, 30세, 42세, 54세, 66세, 78세, 90살이 되는 사람이
　　　　 亥일에 문의하러 왔다면 巳괘가 되는데 巳괘가 되는 사람은 젊은
　　　 사람은 애정문제, 부부이별 등의 일로 왔고 나이 드신 분들은 사업
　　　　 시작, 직업 변동 등으로 왔다고 보는 것이다.

(해설)

子卦 : 결판을 낼까 하는데 성공, 실패 문의차 왔다. 결판이란 언쟁, 송사 등이다.

丑卦 : 사업변동 혹은 가출한 사람이 언제 오겠는가, 또는 직장 관계로 왔다.

寅卦 : 현재 일이 풀리지 않아서 직업 변동의 문제로 왔고, 재수 없다고 왔다.

卯卦 : 이동수 있는지, 또는 이별, 이혼, 가출 문제 등이 궁금하여 왔다고 본다.

辰卦 : 이성문제, 직장, 사업, 결혼 등의 길흉 문제로 왔다고 보고 감정에 임하라.

巳卦 : 부부이별, 직업변동, 삼각관계, 혹은 재수 없어서 왔다고 보고 감정하라.

午卦 : 돈이나 이성문제로 문의하러 왔든지 남자는 여자 문제가 있다고 참고할 것.

未卦 : 취직문제, 부부문제, 금전 근심 문제로 왔다고 감정에 임하라.

申卦 : 애정문제, 혹은 이별문제로 논의차 왔는데 사업문제도 해당이 된다.

酉卦 : 사업문제, 혹은 취직이나 부업 관계의 길흉 문의로 왔다고 본다.

戌卦 : 사업문제, 혹은 이사문제로 감정하러 왔다고 보기도 한다.

亥卦 : 출장, 여행, 이민, 이별 문제, 또는 가출 문제로 왔다고 본다.

☯ 그러나 여러 가지 직업이 많은 현대에는 다른 문제도 있으니 참고하시기 바랍니다.

⊙ 各 神殺로 1년 동안 참고할 일

(1) 병부살이란 무엇인가 ?

年支	子	丑	寅	卯	辰	巳	午	未	申	酉	戌	亥
병부살	亥	子	丑	寅	卯	辰	巳	午	未	申	酉	戌
사부살	巳	午	未	申	酉	戌	亥	子	丑	寅	卯	辰

금년 인년은 축일이 병부살 인데 어느 달이라도 금년 축일은 혼인,
이사, 산신 기도 등을 주의하라. 만약 주의하지 않으면 집안에 질병이
오고 재앙도 오며 재수가 없어 허덕이게 되는 살이다.

(2) 사부살이란 무엇인가 ? (병부살 아래 도표 참조)

안장이나 물물 교역 개업 등을 하면 재수 없어서 고생하게 되고 혹은
몸에 질병이 침범 하여 크게 고생하게 되는 살이다.

(3) 백호살이란 무엇인가 ?

1년 중에 백호살이 되는 날자가 있는데 금년 인년에는 술일이 백호살이
되는데 백호살이 되는 날에는 건축, 집수리, 혼인 등을 하면 반드시
교통사고를 당하든지 질병이 침범하여 상액을 당할수도 있으니 금년
술일에는 집에 관해서는 절대로 손을 대지 말아야 한다.

그리고 인일에는 술방 즉 서북쪽에 흙칠을 하든지 못치는 일, 집수리
등을 하면 필히 7일 내로 집안에 환자가 생기리라.

(4) 상문살이란 무엇인가 ?

상문살이란 살도 무서우니 주의하여 보기 바랍니다.
인년에 진일에는 상가집에 가지 말아야 한다. 만약 상가집에 가면
집에 환자가 생겨서 상을 당할수 있다고 하니 주의가 필요하고 특히
인일에는 진방 즉 동남방에 신을 모시든지 벽을 다루면 상문살이 동하여
환자가 생기니 주의하라.

- 84 -

(5) 초객살이란 무엇인가 ?

조객살이란 인년에 자일이 조객살이 되는데 자일에 집수리, 공장 개업, 건축 등을 하면 근친 중에서 문상을 갈일이 발생한다는 무서운 살이며 상문살과 같은 운로를 갖게 되는데 특히 인일에 자방 (북쪽)으로 신당을 모시면 반드시 병자가 발생하니 주의하여야 한다.

(6) 월기일이란 무엇인가 ?

매월 음력으로 초 5일, 14일, 23일은 혼인, 원행, 연회, 성형수술, 등을 하면 결과가 좋지 않게 되고 후회하게 된다는 날이니 주의하라.

이날 혼인하면 부부 이별한다고 하는데 본인과 육합이 되는 날에는 무관하여 만사 평안하다. 인일이나 묘일에는 살이 작용을 못한다.

초 3일도 혼인, 원행 등을 하지 않는 것이 좋다고 하지만 육합이 되는 날에는 무관하다. (육합은 지지합을 말한다. 자축합 인해합 등)

(7) 천구일이란 무엇인가 ?

월별	1월	2월	3월	4월	5월	6월	7월	8월	9월	10월	11월	12월
천구	자	축	인	묘	진	사	오	미	신	유	술	해

1월에는 자일이 천구일이고, 2월에는 축일이 천구일이 되는 것이다.

천구일은 제사, 고사, 불공드리는 것을 조심하는 날이다.

(8) 태세방이란 무엇인가 ?

년지	자	축	인	묘	진	사	오	미	신	유	술	해
태세	자	축	인	묘	진	사	오	미	신	유	술	해

인년에는 인일이 태세가 되는데 인일에는 건축, 원행, 이사, 혼인 등을 하지 않는 것이 길하며, 인일에 인방으로 이사를 가든지 돈을 구하러 가면 되지 않으며 혼인하면 이별하게 되는 나쁜 날이니 주의하라.

담장을 쌓거나 화장실이나 창고를 수리하면 불길한 날이다.

(9)세파란 무엇인가 ?

인년에는 신일이 세파일인데 이 날은 집수리, 땅 파는 일 등을

나쁘다고 하는데 주로 이사, 혼인 등을 하지 말아야 하며

인일에 신방(서남쪽)으로 이사를 가는 일도 없어야 하는데 이사하면

하는 일이 실패하고 불상사가 발생하니 주의하여야 한다.

(10)오귀방이란 무엇인가 ?

인년에는 인방 즉 동북방을 오귀 팔패방이라고 하는데 오귀방에 집수

리, 동토, 집 짓는 일 등을 하면 반드시 질병이 침범하여 죽을수도

있는 방위니 인일에는 인방을 절대로 범하지 않는 것이 좋을 것이다.

그런데 방위를 말하면 삼살방에 탈이 나면 사람이 죽는다고 하였고

대장군방을 범하면 가족중에 환자가 나타난다고 하였고 조객방이나

상문방을 범하면 집안에 환자가 발생한다고 하는 것이니 참고하여

주의하여야 손해를 보는 일이 없음을 참고하기 바란다.

(11)월형일, 월해일, 월염일, 염대일이란 무엇인가 ?

월형일, 월해일, 월염일, 염대일에 혼인하면 부부간 형을 받아서

이혼하며 또는 사별하게 되는 살이니 혼인을 하지 못하는 날이니

필히 이날은 정해주지 않는 것이 좋을 것이다.

월 일	1月	2月	3月	4月	5月	6月	7月	8月	9月	10月	11月	12月
월형	巳日	子日	辰日	申日	午日	丑日	寅日	酉日	未日	亥日	卯日	戌日
월해	巳日	辰日	卯日	寅日	丑日	子日	亥日	戌日	酉日	申日	未日	午日
월염	戌日	酉日	申日	未日	午日	巳日	辰日	卯日	寅日	丑日	子日	亥日
염대	辰日	卯日	寅日	丑日	子日	亥日	戌日	酉日	申日	未日	午日	巳日

☯ 대정수 산출법

대정수는 운명, 즉 사주가 지니고 있는 숫자를 사용하는 것이며 특히
"영통신서"에서 매년 매월의 운, 평생의 운, 1년 신수를 볼 때에도 사용하는
것이며 사주 팔자를 대정수로 만들어 육효점을 보는 것이다.

선천수 先天數	甲, 己, 子, 午 = 9	乙, 庚, 丑, 未 = 8	丙, 辛, 寅, 申 = 7
	丁, 壬, 卯, 酉 = 6	戊, 癸, 辰, 戌 = 5	巳, 亥 = 4
후천수 後天數	甲, 寅 = 3	乙, 卯 = 8	丙, 午 = 7
	丁, 巳 = 2	戊, 辰, 戌 = 5	己 = 100
	丑, 未 =10	庚, 申 = 9	辛, 酉 = 4
	壬, 子 = 1	癸, 亥 = 6	
후천변수 後天變數	1 변 7	2 변 2	3 변 6
	4 변 3	5 변 4	6 변 5
	7 변 7	8 변 8	9 변 1

※ 가령 사주가 1965년 음력 7월 21일 亥時 일 때 대정수 계산법

영통신서 9페이지에서 乙巳년=82, 甲申월=55, 癸卯일=178

癸亥시=966이 나오니 합하면 1281이 나온다.

1. 선천수 계산법

月주 日주 時주 세기둥만 선천수를 적용하고 年주는 적용하지 않는다.
월주, 일주, 시주에 선천수를 붙이고 월주 선천수 합계 16는 그대로 쓰고
일주는 10을 곱한 110을 쓰고 시주는 합계 9에 100을 곱해서 900을 쓴다.
그러므로 16+110+900=1026을 대정수 선천수로 쓴다.

2. 후천수 계산법

후천수는 사주 네기둥을 모두 적용한다.
천간에는 후천수에 10을 곱하고 지지는 그대로 쓴다. (아래 후천수 계산법
도표 참조) 후천수 합계를 모두 더하니 255가 후천수이다.
선천수 1026과 후천수 255를 더하니 1281이 나오는데 가운데 28을 후천
변수표에 대조하니 그대로 28괘이고 합한수 1281을 6으로 나누고 남은수 3이
효동이 되니 영통신서에서 28괘의 3효동을 보면 되는 것입니다.

1. 선천수 계산법	사주	선천수	선천수	합계	2. 후천수 계산법	후천수	후천수	합계
	乙巳	년주는 적용 안한다				8=80	2	82
	甲申	9	7	16		3=30	9	39
	癸卯	5	6	11		6=60	8	68
	癸亥	5	4	9		6=60	6	66

☯ 나이별 호칭 한자어

♣ 2-3세 = **제해(提孩)** : 웃을 줄 알고 손으로 끌고 업고 다닐 수 있는 어린 아이.

♣ 15세 = **지학(志學)** : 공자의 논어에서 학문에 뜻을 두는 나이라 한다.

♣ 20세 = **약관(弱冠)** : 성인이 되어 세상에 나갈 준비를 하는 나이

♣ 30세 = **이립(而立)** : 스스로 뜻을 세워 인생관이 서는 나이

♣ 40세 = **불혹(不惑)** : 사물의 이치에 의문점이 업었다고 해서 나옴

♣ 48세 = **상수(桑壽)** : 상(桑)자는 十이 4개와 八의 글자라 해석 한다.

♣ 50세 = **지천명(知天命)** = **지명(知命)** : 하늘의 뜻을 헤아릴 수 나이.

♣ 60세 = **이순(耳順)** : 경륜이 싸여 남의 하는 말을 받아주는 나이.

♣ 61세 = **환갑(還甲)** = **화갑(華甲)** = **회갑(回甲)** : 1갑자가 지나서 다시 시작한다는 의미

♣ 62세 = **진갑(進甲)** : 환갑보다 한해를 더 나아간 해라는 뜻

♣ 66세 = **미수(美壽)** : 미(美)라는 글자의 모습이 六十六을 위아래로 짜놓은 모습과 비슷한데서 유래

♣ 70세 = **고희(古稀)** = **칠순(七旬)** = **종심(從心)** : 두보의 곡강시(曲江詩) 중 인생칠십고래희에서 유래됨.

♣ 71세 = **망팔(望八)** : 80까지 살 수 있는 희망을 바라본다는 뜻.

♣ 77세 = **희수(喜壽)** : 희(喜)의 초서체가 칠이 3번 겹쳤다고 해석하여 77세를 의미.

♣ 80세 = **산수(傘壽)** : 산(傘)자를 팔과 십으로 해석하고 세상 이치를 다스릴 줄 안다는 의미.

♣ 81세 = **망구(望九)** = 반수(半睡) : 90까지 살수 있다는 희망의 뜻.

♣ 88세 = **미수(米壽)** = 미(米)자는 농부가 씨를 뿌리고 추수하는데 88번의 손길이 필요하다는 데서 유래.

♣ 90세 = **졸수(卒壽)** : 졸(卒)자 약자를 九와 十으로 해석하여 본다.

♣ 91세 = **망백(望百)** : 100세까지 살 수 있는 희망을 바라본다는 의미.

♣ 99세 = **백수(白壽)** : 백(百)자에서 一자를 빼면 흰 白자가 된다는 의미

♣ 100세= **상수(上壽)** : 최상의 수명이라는 뜻

♣ 120살= **천수(天壽)** : 좌전(左傳)에서는 120살을 상수로 본다

★ 2 8 宿(숙) 길흉법

인오술 日이고 월요일이면 心(심)이고 화요일이면 室(실)이다.

일진 요일	寅午戌日	申子辰日	巳酉丑日	亥卯未日
月(월)	心(심) 모든 일에 흉	畢(필) 만사 대길	危(위) 만사 대흉	張(장) 만사 대길
火(화)	室(실) 만사 대길	翼(익) 매장 수리 흉	紫(자) 만사 흉	尾(미) 수리 장례 혼례 출행 대길
水(수)	參(삼) 기조 길 혼인 개문 흉	箕(기) 수리 혼례 출행 대길	軫(진) 공사 기공 출행 등 길	壁(벽) 집짓기 장례 대길
木(목)	角(각) 수리 혼례 길 이장 불길	奎(규) 기공 혼례 길 안장 불길	斗(두) 공사 수리 안장 대길	井(정) 만사 흉
金(금)	牛(우) 모든 일 불길	鬼(귀) 집짓기 안장 길 혼인 불길	婁(루) 공사 축조 대길	亢(항) 모든일에 불길
土(토)	胃(위) 공사 혼례 안장 대길	氐(저) 집짓기 혼례 길 장사 수리 불길	柳(유) 공사 기공 매장 등 길	女(여) 집짓기 수리 등 불길
日(일)	星(성) 신방개조 길 매사 불길	虛(허) 만사 대길하나 장사는 흉	房(방) 장사 수리 불길 기타는 대길	昴(묘) 혼례는 길 집짓기는 대길

☯ 제수(祭需) 진설(陳設)법

* 제주는 꿇어 앉아 향을 향로에 꽂고 재배합니다.
* 집사가 제주에게 잔을 주며 3번에 나누어 술을 따르고 집사가 술을 받아서 제사 상위에 놓고 제주는 2번 절을 합니다.
* 술잔을 드리고 싶은 사람의 나이순으로 따로 잔을 올리기도 합니다.
* 첨작(添酌)이라 하여 제주가 다시 신위 앞에서 술을 조금 따르고 절을 한후 다음 사람이 다시 술을 3번을 나누어서 따라 채우고 절을 합니다.
* 밥 뚜껑을 열고 수저의 안쪽이 동쪽을 향하게 하여 밥의 중앙에 꽂습니다.
* 참가자 전원이 모두 자리를 비켜서 신위의 조용한 식사를 배려한다.
* 제주가 기침을 3번하고 다 같이 들어간다.
* 숭늉 혹은 생수와 국을 바꾸고 숭늉 그릇에 밥을 3번 조금 떠서 넣고 다른 반찬도 넣고 잠시 묵념한 뒤에 밥그릇의 뚜껑을 덮는다.
* 참가자 모두 절을 하고 신주를 모시고 지방을 태워서 앞의 숭늉이나 생수 그릇에 담아서 집 앞에 조심히 갖다 놓는다.
* 제사는 경사이므로 오른손 등을 왼손이 덮어서 절을 한다. 여자는 반대이다.
* 밤과 대추를 제외한 과일은 홀수로 올린다.
* 음식에 고춧가루와 마늘은 쓰지 않는다. (실고추는 상관 없다.)
* 팥 껍질이 있는 빨간 떡은 사용하지 않는다.
* 복숭아와 꽁치, 삼치 등 치자로 끝나는 생선은 사용하지 않는다.
* 홍동백서(紅東白西)=붉은 과일은 동쪽에 흰 과일을 서쪽에 놓는다.
* 좌포우혜(左脯右醯)=포는 왼쪽에 식혜 젓갈류는 오른쪽에 놓는다.

* 어동육서(魚東肉西)=어물은 동쪽에 육류는 서쪽에 놓는다.

* 두동미서(頭東尾西)=생선의 머리는 동쪽을 꼬리는 서쪽으로 놓는다.

* 건좌습우(乾左濕右)=마른 것은 왼쪽에 젖은 것은 오른쪽에 놓는다.

* 조율이시(棗栗梨柿)=왼쪽부터 대추,밤,배,감의 순서로 놓는다.

   배와 감의 씨가 6개로 같아서 조율시이로 진설하기도 합니다.

* 좌반우갱=반서갱동=메(제사밥)는 서쪽에 국은 동쪽에 놓는다.

* 남좌여우=고서비동=서고동비=제상의 왼쪽은 남자,오른쪽은 여자.

☯ 각 지방마다 가가례(家家禮)라 하여 가풍대로 진설하면 됩니다.

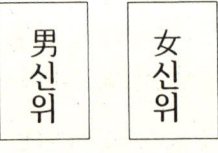

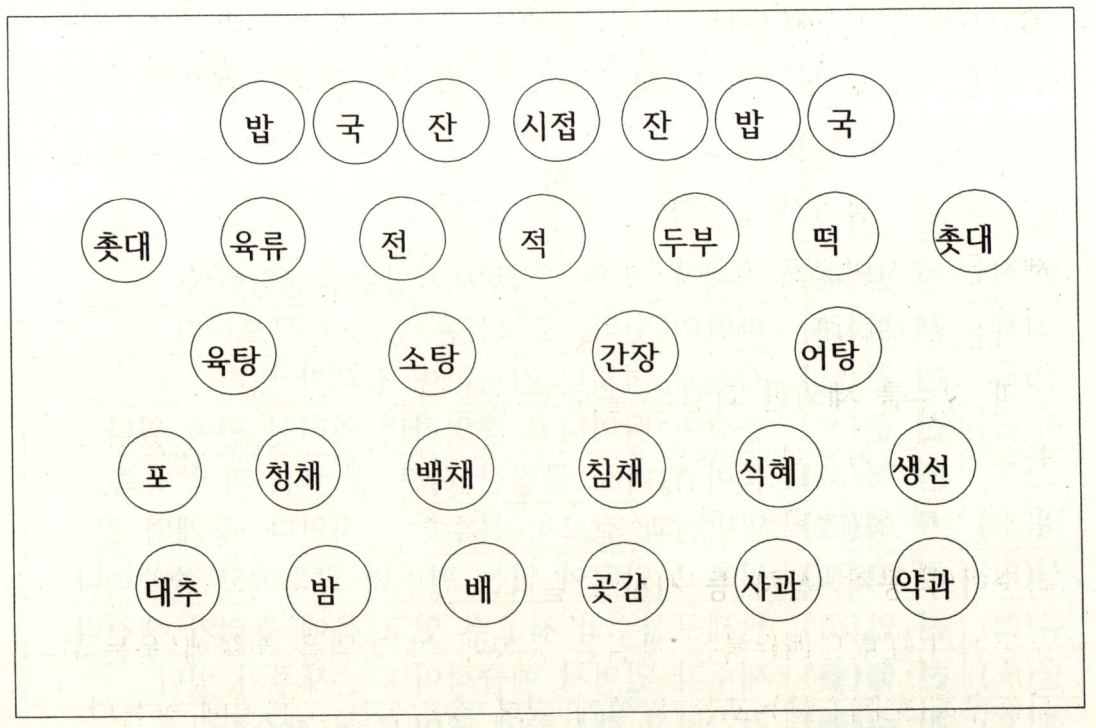

☯ 당 사 주 보 는 법

子일때에는 年주에 자가 있으면 자 천귀성이라 칭하고 月주에 자가
있으면 월 천귀성이라 칭하며 日주에 자가 있으면 일 천귀성이라 칭하며
時주에 자가 있으면 시 천귀성이라 칭한다.

당사주는 너무나 간단한 것으로 아래의 도표와 같이 귀 ➔ 액 ➔ 권
➔ 파 ➔ 간 ➔ 문 ➔ 복 ➔ 역 ➔ 고 ➔ 인 ➔ 예 ➔ 수의 12개의
글자가 변함 없이 돌아가는 것이니 12개의 글자의 뜻만 알고 앞에 하늘
천(天)자만 붙이면 되는 것입니다.

(예) 1941(辛巳)년 4월 23일생 사시생 (12지 출생시간은 뒷장 참조)
신사년 = 천문, 4월생 = 천고, 23일 = 천복, 사시 = 천수입니다.

생년 (초년=20세까지) : 巳년생은 아래의 도표에서 보니 천문이고,

생월 (청년=21세-40세): 4월생은 천문에서 시작하여 1월생은 천문

　2월생은 천복, 3월생은 천역, 4월생은 천고이고

생일 (장년=41세-60세): 23일생은 역시 4월생의 천고가 1일이 되고

　　2일은 천인, 3일은 천예, 4일은 천수가 되니 23일까지

　순서데로 세어보면 23일은 천복이 나오게 되고

생시 (말년=61-사망까지): 23일생이 천복이므로 천복이 자시가 되고

　　축시는 천역, 인=고, 묘=인,진시는 천예, 사시는 천수입니다.

지지	년월일시	해　　　　설
자(子)	천 귀(貴)	부와 명예와 자손복이 있고 귀한 인물이다.
축(丑)	천 액(厄)	액이 끼여 있어 슬픔이 있고 타향살이를 한다.
인(寅)	천 권(權)	권세가 있어서 사람이 따르며 전진한다.
묘(卯)	천 파(波)	파란이 있다. 모험심은 있으나 무모하다.
진(辰)	천 간(奸)	지혜가 넘치나 간사하여 실패가 많다.
사(巳)	천 문(文)	문장이 뛰어나고 총명하며 영리한 면이 있다.
오(午)	천 복(福)	복이 많아서 불쌍한 자도 돕는다, 의식 풍족.
미(未)	천 역(驛)	역마살과 같으며 분주히 움직인다. 중개업 길
신(申)	천 고(孤)	외롭고 인덕이 없는 편이며 고독하고 쓸쓸하다.
유(酉)	천 인(刃)	관재구설수와 사고수 있고 몸에 흉터가 생긴다.
술(戌)	천 예(藝)	재주가 있어서 예술적이며 손재주가 있다.
해(亥)	천 수(壽)	건강하고 행복하며 명이 길어 장수한다.

◀ 부조금 봉투 쓰는 법 ▶

◎ 결혼식봉투　　◎ 회갑봉투　　◎ 초상봉투

祝(축)結(결)婚(혼) 태평동 秋豊嶺	祝(축)聖(성)婚(혼) ○○ 동 金 ○○	祝(축)回(회)甲(갑) ○○ 동 朴 ○○	祝(축)壽(수)宴(연) ○○ 동 崔 ○○	賻(부)儀(의) ○○ 동 宋 ○○	弔(조)儀(의) ○○ 동 李 ○○

◎ 결혼식＝ 祝華婚(축화혼), 祝盛典(축성전), 賀儀(하의)

◎ 회갑연＝ 祝禧宴(축희연), 祝儀(축의), 壽儀(수의), 壽宴(수연)

◎ 칠순연＝ 70세는 古稀(고희), 77세는 喜壽(희수), 80세는 傘壽
　　　　　(산수), 88세는 米壽(미수), 99세는 白壽(백수)

◎ 초　상＝ 奠儀(전의), 謹弔(근조·꽃 화환 조화에만 사용)

◎ 축　하＝ 祝入選(축입선), 祝當選(축당선), 祝發展(축발전)

◀ 명정과 지방서식 ▶

◎ 명정 쓰는 법　　　　◎ 지방 쓰는 법

儒人金海金氏之柩	유인김해김씨지구	學生全州李公之柩	학생전주이공지구	郡守夫人密陽朴氏之柩	군수부인밀양박씨지구	郡守豊川任公之柩	군수풍천임공지구	顯妣孺人金海金氏神位	현비유인김해김씨신위	顯考學生府君神位	현고학생부군신위	顯祖妣孺人仁同張氏神位	현조비유인인동장씨신위	顯祖考學生府君神位	현조고학생부군신위	顯辟學生府君神位	현벽학생부군신위	故室孺人慶州崔氏神位	고실유인경주최씨신위

(벼슬이 없을 때)　(벼슬이 있을 때)　(부모지방)　(조부모지방)　(남편지방)　(아내지방)

◈ 도서 생활문화사 (추송학 저서) 목록 ◈

번호	책 명	정 가	책 내 용 설 명
2	관상학총비전	10,000원	한글판으로 관상을 아는 관상 비법 일체 수록
3	사 주 비 전	15,000원	사주의 기초로 누구나 쉽게 통달할 수 있는 책
4	유 년 보 감	10,000원	한글판으로 유년 신수 및 신통 부적이 있는 책
6	예 방 비 법	15,000원	각종 부작 예방의 기초로 시험 삼재 등 일체 책
11	성 명 학 비 법	15,000원	작명 해명 회사명 등을 쉽게 이름 짓는 도서 책
12	감 정 비 전	5,000원	사주로 운명을 감정하는 감정 속성 비결수록
13	역학특수비법	10,000원	사주로 특수한 운명 감정의 비법 등이 수록 책
14	새생활만세력	15,000원	2050년까지 만세력 구성이 있고 사주 찾는 책
16	그 림 추사주	20,000원	한글판으로 운명 자녀수까지 아는 당사주 책
18	송학작명사전	15,000원	획수별 오행별 특수 표시로 작명할 때 필수 책
23	일 시 비 법	10,000원	매일 그 시간의 운과 상대방의 운을 아는 책
26	증 산 복 역	20,000원	육효의 기초부터 실전까지 확실히 알수 있는책
27	풍 수 비 결	15,000원	풍수의 명당터를 쉽게 보고 배울 수 있는 책
28	성 명 의 신비	20,000원	작명 해명 회사명 등을 자신있게 작명하는 책
29	추송학택일력	7,000원	매일운수 매월신수 결혼 이사날 등을 보는 책
33	대 운 천세력	15,000원	2027년까지 만세력 책으로 남여의 대운 표시
34	대운천(수첩)	7,000원	만세력 책으로 대운 천세력의 4분의1의 축소
35	경 마 비 법	10,000원	시간을 육효괘로 잡고 경마 행운 숫자 아는 책
36	수 상 비 법	20,000원	손의 생김새와 손금으로 일생의 운을 아는 책
37	역 점 비 법	10,000원	주역 육효학의 특별한 비법 일절 수록한 책
38	한 방 대 성	25,000원	병을 치료하는 처방과 진단 방법이 들어 있는
39	가 상 비 법	10,000원	가정 및 문짝의 위치만 보고도 내력을 아는 책
41	육 친 비 법	20,000원	육친에 대한 일체의 해설 및 비법이 수록된 책
42	천 간 명 주	12,000원	한글판 천간으로 평생 운 매년 운을 아는 책
43	사주강의제1권	15,000원	일생의 성격 직업 금전 건강 설명이 있는 책
44	사주강의제2권	15,000원	사주학의 기초부터 천간 지지 설명이 수록된책
45	사주강의제3권	20,000원	각종 운명 해설의 총설명과 실예를 수록한 책
46	사주강의제4권	15,000원	운명의 끝맺음과 총괄 설명 및 실예를 수록한

❶ 철학원 개업하실분 자격증 발급 대행 해드립니다. 휴대폰 010-6655-5737

47	사주강의테이프	30,000원	사주강의 비법이 녹음된 6개의 테이프 셰트入
48	육효전집제1권	20,000원	육효 팔괘의 배합 및 기본 64괘 총 해설집 책
49	육효전집제2권	20,000원	64괘 해설 및 괘 작성 방법 등의 비법 수록 책
50	육효전집제3권	20,000원	재물점에서 부터 모든 점의 실예 일절 수록 책
51	육효전집제4권	20,000원	모든 점을 실예로 수록하여 끝을 마무리한 책
52	매 월 운 세	20,000원	한글판으로 시간으로 육효 점술 신수 보는 책
53	운 기 누 설	10,000원	한글판으로 사주의 약점을 이름으로 보충하는
54	인 생 운 명	10,000원	한글판으로 상대의 성격 등을 쉽게 판단하는
55	지 장 경	5,000원	한글판으로 지장경의 원문과 해설이 있는 책
56	백 년 경	20,000원	한글판으로 년월일시로 평생사주를 쉽게 보는
57	오 주 명 리 학	6,000원	사주에 절기를 추가하여 오행 열개로 보는 책
58	오 주 산 책	6,000원	오주의 오행 열 개로 실예를 들어 해설한 책
59	신 통 부	20,000원	한글판으로 750여종의 특수 부작을 수록한 책
61	궁 합 의 선 택	5,000원	오주의 오행 열 개로 궁합의 해설을 하는 책
65	가 정 보 감	20,000원	관혼상례법 일체 수록하고 사주 기초 수록 책
66	팔 괘 감 정	15,000원	한글판이며 주역 팔괘를 쉽게 알수 있는 책
68	명리는천기다	20,000원	사주의 용신 잡는 법과 사주의 특수 풀이법 책
69	풍 수 지 산 록	35,000원	한글판으로 풍수 보는 법과 명산이 수록된 책
72	육효학이론과실제	30,000원	주역 육효의 해설 및 이론의 실제 조직 방법
73	귀 곡 전 서	50,000원	고객이 찾아온 이유를 알고 경마행운 숫자수록
74	산문의풍경소리	15,000원	불교 교리 강의를 체계적으로 쉽게 풀이한 책
76	사주명주격파	25,000원	사주 마지막 마무리 일주비법과 격국 통변법
77	명 리 산 책	50,000원	한글판 사주박사만들기 기초부터 격국용신법칙
78	작 명 대 감	100,000원	한글판 누구나 이름을 성씨만으로 작명하는 책

※우편 : 13110   경기도 성남시 수정구 성남대로 1249번길 5-1
☎ 010-6655-5737   팩스 031-752-3531

농 협   0 8 4 - 1 2 - 1 4 7 0 0 5   추병기 앞
우체국 온라인 번호 010231-06-001320   추병기 앞

◈ 책 대금은 위의 계좌 번호로 송금후 연락주시면 보내드립니다.

생활문화사 발행 서기 2022년 임인(壬寅)년
384괘 【상, 하 합본】 토정비결 조견표

상괘태세수

나이	1세 임인	2세 신축	3세 경자	4 기해	5 무술	6 정유	7 병신	8 을미	9 갑오	10 계사	11 임진	12 신묘	13 경인	14 기축	15 무자
태세	1	2	3	4	5	6	7	8	1	2	3	4	5	6	7
나이	16 정해	17 병술	18 을유	19 갑신	20 계미	21 임오	22 신사	23 경진	24 기묘	25 무인	26 정축	27 병자	28 을해	29 갑술	30 계유
태세	8	1	2	3	4	5	6	7	8	1	2	3	4	5	6
나이	31 임신	32 신미	33 경오	34 기사	35 무진	36 정묘	37 병인	38 을축	39 갑자	40 계해	41 임술	42 신유	43 경신	44 기미	45 무오
태세	7	8	1	2	3	4	5	6	7	8	1	2	3	4	5
나이	46 정사	47 병진	48 을묘	49 갑인	50 계축	51 임자	52 신해	53 경술	54 기유	55 무신	56 정미	57 병오	58 을사	59 갑진	60 계묘
태세	6	7	8	1	2	3	4	5	6	7	8	1	2	3	4
나이	61 임인	62 신축	63 경자	64 기해	65 무술	66 정유	67 병신	68 을미	69 갑오	70 계사	71 임진	72 신묘	73 경인	74 기축	75 무자
태세	5	6	7	8	1	2	3	4	5	6	7	8	1	2	3
나이	76 정해	77 병술	78 을유	79 갑신	80 계미	81 임오	82 신사	83 경진	84 기묘	85 무인	86 정축	87 병자	88 을해	89 갑술	90 계유
태세	4	5	6	7	8	1	2	3	4	5	6	7	8	1	2

중괘

생월	1월	2월	3월	4월	5월	6월	7월	8월	9월	10월	11월	12월
월건	임인	계묘	갑진	을사	병오	정미	무신	기유	경술	신해	임자	계축
월건	대3	소8	대4	소1	대6	대4	소1	대5	소2	대1	소4	대3

하괘 ☰ 음력 생일로 보는 하괘수

일 \ 월	1월	2월	3월	4월	5월	6월	7월	8월	9월	10월	11월	12월
1일	1	5	2	6	5	5	5	4	2	5	3	2
2일	2	2	2	6	3	1	3	6	6	5	3	6
3일	6	4	3	3	3	1	3	2	4	1	1	6
4일	6	4	1	5	4	4	4	2	4	3	5	2
5일	1	1	1	5	2	6	2	5	5	3	5	4
6일	4	6	2	2	2	6	2	1	3	6	6	4
7일	4	6	5	1	3	3	3	1	3	2	4	1
8일	1	1	5	1	6	2	6	4	4	2	4	3
9일	3	5	2	2	6	2	6	3	1	5	5	3
10일	2	4	4	6	3	3	3	3	1	4	2	6
11일	6	6	3	5	5	1	5	4	4	4	2	5
12일	5	3	1	1	4	6	4	2	6	5	5	5
13일	6	3	6	4	2	2	2	1	5	3	1	6
14일	6	6	6	4	1	5	1	3	3	2	6	4
15일	3	1	1	1	1	5	1	6	2	4	4	3
16일	3	1	4	2	2	2	6	4	2	1	3	5
17일	5	5	4	2	5	3	5	3	3	1	3	2
18일	2	4	6	6	5	5	5	4	6	4	4	2
19일	2	4	3	3	1	1	1	4	6	5	1	6
20일	4	4	3	5	4	6	4	3	2	5	1	6
21일	6	2	5	5	4	6	4	1	5	3	3	6
22일	6	2	1	3	6	6	4	3	2	2	6	3
23일	4	4	1	3	2	4	2	1	1	2	6	3
24일	3	1	5	5	2	4	2	5	3	2	2	3
25일	2	6	4	2	6	6	6	5	3	6	4	3
26일	3	3	3	1	5	3	5	1	1	6	4	1
27일	1	5	4	4	4	2	4	4	6	2	2	1
28일	1	5	2	6	5	5	5	3	5	5	1	3
29일	3	3	2	6	3	1	3	6	6	4	6	6
30일	5	1	4	4	3	1	3	2	4	1	1	5